북아메리카
남아메리카

유럽
아시아
아프리카
오세아니아

교과서 속 세계 문화 탐험 7

신사의 나라 영국

교과서 속 세계 문화 탐험 ❶

신사의 나라 영국

1판 2쇄 발행 2025년 5월 30일

글쓴이 김경희
그린이 윤남선

편집 이정희
디자인 문지현, 김예은

펴낸이 이경민
펴낸곳 ㈜동아엠앤비
출판등록 2014년 3월 28일(제25100-2014-000025호)
주소 (03972) 서울특별시 마포구 월드컵북로22길 21 2층
홈페이지 www.moongchibooks.com
전화 (편집) 02-392-6901 (마케팅) 02-392-6900
팩스 02-392-6902
전자우편 damnb0401@naver.com
SNS

ISBN 979-11-6363-525-3 74810
979-11-6363-524-6 (세트)

1. 책 가격은 뒤표지에 있습니다.
2. 잘못된 책은 구입한 곳에서 바꿔 드립니다.

도서출판 뭉치는 ㈜동아엠앤비의 어린이 출판 브랜드로, 아이들의 지식을 단단하게 만들어주고, 아이들의 창의력과 사고력을 키워주어 우리 자녀들이 융합형 창의 사고뭉치로 성장할 수 있도록 좋은 책을 만들겠습니다.

교과서 속 세계 문화 탐험 7

신사의 나라 영국

뭉치
MoongChi Books

작가의 말

쌍둥이 남매 '사고', '뭉치'와 함께 스릴 넘치는 세계 문화 탐험을 떠나 보세요!

영국은 그레이트브리튼 섬 전체와 아일랜드 섬 북쪽의 북아일랜드로 이루어진 아름다운 나라예요. 한때는 '해가 지지 않는 나라'로 불릴 만큼 전 세계에 식민지를 많이 거느린 강대국이었어요. 20세기 들어 식민지였던 나라 대부분이 독립했지만 지금도 대부분 영국과 긴밀한 관계를 맺고 있답니다. 또 '산업 혁명을 처음 일으킨 나라', '축구를 좋아하는 신사의 나라' 등으로 널리 알려지기도 했어요. 전 세계의 수많은 독자들을 열광시킨 소설 《해리 포터》의 배경이 된 곳이기도 하고, 오래전부터 전해 내려오는 전설의 '아서왕' 이야기도 유명하지요.

그런데 브라우니와 트롤, 레프리콘 같은 영국 민담이나 전설에 등장하는 요정이나 요괴의 이름도 들어 보았나요? 아마 드라큘라와 도깨비, 구미호는 들어 봤어도, 이들 요괴의 이름은 익숙하지 않을 거예요.

요괴는 어느 날 갑자기 만들어진 것이 아니라, 아주 오랜 옛날부터 사람들의 입에서 입으로 전해진 이야기 속에서 살고 있는 상상의 존재예요. 그래서 각 나라마다 다른 캐릭터의 요괴들이 등장을 해요. 예를 들어 동양의 '용'은 신성한 동물로 숭배를 받고 있지만, 서양의 '드래건'은 흉악하고 사악한 동물로 알려져 있거든요. 그래서 한 나라의 요괴를 보면 그 나라의 문화와 전통, 종교까지 엿볼 수 있어요.

《교과서 속 세계 문화 탐험, 영국》은 요괴를 볼 수 있는 능력을 가진 쌍둥이 남매 '사고'와 '뭉치'가 마법에 걸려 영국으로 가게 되면서 벌어지는 이야기예요. 이들 남매는 영국의 수도 런던에서부터 스코틀랜드, 아일랜드까지 종횡무진하며 모험을 벌이게 돼요. 이들은 어쩌다 이런 모험 여행을 하게 되었을까요? 과연 주어진 미션을 완수하고 무사히 집으로 돌아갈 수 있을까요?

자, 그럼 지금 당장 책장을 펼쳐 보세요!

흥미진진하고 환상적인 이야기를 읽다 보면 여러분은 자신도 모르는 사이에 영국의 역사와 전통, 지리와 문화까지 알 수 있게 될 거예요.

상상 그 이상의 즐거운 여행이 되기를 바라며,
2021년 8월에 김경희

차례

등장 인물

뭉치

쌍둥이 남매 중 오빠. 귀신과 요괴를 볼 수 있는 특별한 능력 때문에 예기치 않은 일에 휩쓸린다. 호기심이 많고 즉흥적으로 판단하고 행동부터 하는 급한 성격. 영화, 게임광. 공부는 싫어하지만 눈치가 빨라 아는 것보다 훨씬 많이 써먹는다.

사고

쌍둥이 남매 중 여동생. 똑똑하고 책을 많이 읽어서 잘난 척, 아는 척은 혼자 다 하지만 엉뚱하고 허술한 구석도 많다. 오빠와 같이 다니면 '사고뭉치' 콤비가 되어 버려 함께 있는 걸 굉장히 싫어한다.

브라우니

영국의 민가의 부엌에 살며 집안일을 도와준다는 꼬마 요정.

흑마법사

영국의 대마법사 멀린이 병 안에 봉인한 악의 혼령들을 깨워 세상을 지배하려는 야심을 가진 나쁜 마법사.

멀린

고대 영국 아서왕 시대의 대마법사. 흑마법사를 봉인시켰지만 뒷날 흑마법사가 다시 깨어나자 직접 그를 처단하러 나선다.

비행기에서 만난 요괴 그렘린
1년 전, 유럽행 비행기 안.
와, 우리가 구름 위를 날고 있어.
비행기 처음 타? 촌스럽게!
북북북… 갉갉갉 띠각띠각
무슨 소리지?
오 마이 갓!

갸갹 띠기각…
저건 그렘린인데!
사고야,
비행기 날개 위에
괴물이 앉아 있어!
아니, 게임을
얼마나 했기에 가상 세계와
현실을 착각하는 거야?
저기 진짜로
그렘린이
있다니까!
그렘린이라고?
뭐가
있다는 거야?
찰싹
헉! 이게 안 보인다고?
말도 안 돼!

톡톡
아빠…….
아빠, 아빠!
창문에 괴물이
붙어 있어!
뭉치야, 비행기
안에서는 장난치지
말자!
순간, 잊고 있었던
옛날 기억이 떠올랐어.
넌, 처음 보는데?
이름이 뭐야?
내가 보여?
뭉치가 이상해!
뭉치랑 놀지 말자!
헐! 또 내 눈에만
보이는 거야?
끙~
할 수 없다. 나도
안 보이는 척해야지.
푹

나 똥 쌀 건데,
여기 있을 거야?
내가 보여?
몇 시간 뒤, 나는 다시 난쟁이 요괴를 만났어.
그것도 화장실에서.
그래, 보여!
헐!
대장!
여기 나를 알아보는
아이가 있다!
대장이
찾는 아이….
삐빅
에잇,
이래도 안 나갈래?
우웩! 독가스다!
뿡
뿡
뿡
쏙
켁! 진짜가
나타났어!

TELEPHONE

1장

수상한 다문화 축제

우리는 '사고 뭉치'

"뭉치야, 뭉치야! 사고뭉치야!"

이른 아침부터 옆집 사는 무진이가 우리 집으로 뛰어 올라왔어.

이미 알고 있겠지만 '사고'는 내 여동생이고, '뭉치'는 나야. 우리는 이란성 쌍둥인데, 내가 15분 먼저 태어나 오빠가 되었지. 엄마 말에 따르면 결혼한 지 10년 만에 우리를 가졌는데, 그때 태몽으로 로댕의 조각품 '생각하는 사람'이 책 뭉치를 선물해 주는 꿈을 꾸었대. 그 뒤 부모님은 우리 이름을, 무슨 일이든 깊이 생각하고 행동하라는 뜻에서 '사고'와 '뭉치'로 지었다고 해.

우리는 둘이 따로 있으면 '사고'와 '뭉치'야. 하지만 같이 있으면 '사고뭉치'가 되거든. 그래서 모르는 사람들이 들었을 때 우리가 진짜 매일 엉뚱한 사고나 치는 진짜 '사고뭉치'로 오해하기도 해. 아무튼 그런 이유로 사고는 '사고뭉치'라고 불리는 걸 너무너무 싫어해.

그런데 눈치 없는 무진이가 오늘 또 '사고뭉치'라고 부르며 찾아왔지 뭐야? 무슨 엄청난 소식이라도 들은 듯 콧바람까지 씩씩대며 말이지. 여름 방학이라 학교를 안 가서 그런지 시도 때도 없이 오거든. 아니나 다를까? 사고가 허리에 손을 얹고 따지듯 쏘아붙였어.

"야! 너 사고뭉치라고 부르지 말랬지?"

"사고뭉치를 '사고뭉치'라고 부르지 그럼 뭐라고 부르냐?"

무진이가 빙글거리며 말대꾸를 했어.

"자꾸 오빠랑 내 이름을 붙여서 부르지 말라고! 나는 사고! 얘는 뭉치!"

"그러니까 사고뭉치!"

무진이가 다시 한번 능청스럽게 맞받아쳤어.

"오늘은 좀 바빠서 내가 참는다!"

사고는 괜히 만만한 나한테 소리를 꽥 질렀어.

"오빠, 너! 앞으로 나한테서 2미터 이상 떨어져! 알았어?"

사고가 버럭 신경질을 내며 학원 가방을 메고 밖으로 나가 버렸어.

"아침 안 먹고 갈 거야?"

"안 먹어! 너나 많이 먹어!"

"괜히 나한테 짜증이야!"

나는 사고가 내 동생이지만 좀 무서워! 똑똑하고 아는 것이 많다고 내가 조금만 잘못해도 하나하나 지적을 해 대거든. 사고 목소리만 들어도 화장실에서 누던 똥이 쏙 들어가 버리는 것 같다니까!

영국 축제장의 마술사

사고가 짜증을 내고 나간 뒤 내가 무진이에게 물었어.

"무진아, 그런데 아침 일찍부터 우리 집에 왜 왔니?"

"아, 참! 구청 잔디 광장에서 다문화 축제가 열린대. 이것 봐!"

무진이가 내게 전단지 한 장을 내밀었어.

이주민과 함께하는 다문화 축제에
여러분을 초대합니다.

세계 음식 맛보기, 나라별 문화 체험과 전통 놀이, 전통 의상 포토존 등
다양한 행사와 각종 이벤트가 준비되어 있습니다.
행사 기념 세계 음식 완전 공짜! (단, 선착순 100명)
음식 남기면 지옥 가서 다 먹는 거 알죠? 먹을 만큼만 받아 가세요!

전단지를 훑어보던 나는 음식을 공짜로 준다는 말에 마음을 훅 빼앗기고 말았지. 나는 세상에서 제일 좋은 사람이 맛있는 거 공짜로 주는 사람이라고 생각하거든.

“우아, 공짜래! 이렇게 허비할 시간이 없어! 무진아, 어서 가자!”

나와 무진이는 곧바로 잔디 광장으로 뛰어갔어. 광장에는 이미 많은 사람들이 모여 들어서 축제 분위기로 들떠 있었어. 각 나라의 전통 행사를 하고 있는 천막들 위로 만국기가 휘날리고 있었지.

광장 중앙에 스코틀랜드 전통 옷을 입은 백파이프 공연단이 거리 퍼레이드를 하고 있었고, 그 옆에서는 세계 음식 페스티벌이 열리고 있었어.

나와 무진이는 음식 문화 거리로 달려갔어. 그곳에는 눈이 휘둥그레질 정도로 먹음직스럽고 낯선 먹거리들이 마련되어 있었어. 특히 달콤한 영국 음식인 요크셔 푸딩이 내 시선을 사로잡았지.

우리는 푸딩과 케이크로 배를 채운 뒤 영국 문화 축제장으로 향했어. 마술 부스에 많은 아이들이 몰려들어 호기심 가득한 눈으로 마술 구경을 하고 있었지. 가만 보니 수염을 길게 기른 마술사가 현란한 손

요크셔 푸딩

영국 요리 중 하나로, 밀가루, 달걀, 우유를 섞어 부풀린 반죽을 구워서 만들어요. 영국 사람들이 즐겨 먹는 요리 중 하나인 로스트 비프(구운 쇠고기)와 함께 먹는 것으로 유명해요. 달콤한 맛의 보통 푸딩과 달리 짭조름한 맛을 내요.

놀림으로 형형색색 커다란 비누 거품을 만들고 있었어. 비누 거품이 어찌나 큰지 아이 한 명쯤은 태울 수 있겠더라고. 아이들은 신나서 비누 거품을 잡으려고 뛰어다녔지. 비누 거품을 만질 때마다 톡톡 터지는 모습이 너무 재미있어 보였어. 그래서 나와 무진이도 거품을 잡아 터뜨리며 뛰어다녔어.

앗, 그런데 비누 거품 하나가 이상하리만큼 컸어. 그런데 더 이상한 것은 그 커다란 거품 속에 누군가 들어 있는 것 같았어.

"뭐지?"

처음에 나는 헛것을 본줄 알았어. 그런데 내 동생 사고가 비누 거품 속에 들어있는 게 아니겠어? 순간 내 눈을 의심했지. 영어 학원에 있어야 할 얘가 왜 버블 풍선 안에 있냐고! 뭔가 이상한 느낌이 들어 비누 거품을 만졌는데 거품이 터지지도 않는 거야? 사고도 당황한 듯 손을 마구 뻗었어.

"뭉치 오빠! 나 좀 꺼내 줘!"

사고가 비누 거품 속에서 손을 쑥 내밀고 소리쳤어. 이상한 생각이 든 나는 사고의 손을 덥석 잡았지. 그러자 나까지 비누 거품 속으로 쑥 빨려 들어가 버리지 뭐야?

그런데 놀라운 일은 그 다음에 일어났어. 우리를 감싼 비누 거품이 빅볼처럼 무서운 속력으로 데굴데굴 굴러가기 시작했어. 나와 사고는 비누 거품 속에서 빠져나오려고 발버둥을 쳤지만 소용없었어.

도대체 무슨 일이 일어나는 걸까? 온몸에 식은땀이 흘렀어. 얼마 안 가 우리를 감싼 비누 거품이 소용돌이처럼 빙글빙글 돌면서 공중으로 떠오르기 시작했어. 그러고 나서 사고와 나는 정신을 잃고 말았어.

영국 한눈에 알아보기

영국은 어떤 나라일까?

4개의 섬나라가 연합해 이룬 왕국

영국은 유럽 서북쪽에 있는 섬나라예요. 우리나라에서는 '영국'이라고 부르지만, 영국의 정식 명칭은 그레이트브리튼 북아일랜드 연합 왕국(United Kingdom of Great Britain and Northern Ireland)이에요. 국토는 그레이트브리튼섬(잉글랜드, 스코틀랜드, 웨일스)과 아일랜드섬 북쪽의 북아일랜드로 이루어져 있어요.

영국 국기

영국의 국기는 연합 왕국 중 웨일스를 제외한 3개 지역(잉글랜드, 스코틀랜드, 북아일랜드)의 깃발 문양을 합쳐 만든 국기로 '유니언 잭'이라 불러요. 웨일스의 국기는 너무 복잡해서 그리기 힘들다고 빠졌다고 해요.

면적과 인구, 종교

영국의 면적은 24만 3610㎢, 인구는 2020년 현재 약 6,788만 명으로 세계 21위이고, 수도는 런던이에요. 언어는 표준 영어와 겔릭어, 웨일스어, 콘월어 등을 사용하며 종교는 인구의 절반 정도가 영국국 교회를 믿고 있고, 그 외 가톨릭과 감리교, 이슬람교 등을 믿고 있어요.

2장

버킹엄 궁전이 눈앞에

런던으로 온 사고와 뭉치

"비누 거품 속에서 어떻게 벗어났지?"

사고가 중얼거리는 소리를 듣고 나는 간신히 눈을 떴어.

"헉! 뭐, 뭐야! 저건 영국의 버킹엄 궁전인데?"

버킹엄 궁전

버킹엄 궁전은 런던에 있는 영국 국왕의 궁전이에요. 원래는 1703년에 버킹엄 공작의 집으로 지은 화려한 건물이에요. 1761년 조지 3세가 사들인 뒤 궁전으로 사용되었으며, 여러 번의 공사를 거쳐 지금의 모습이 되었어요.

사고가 소스라치게 놀란 표정을 지으며 소리쳤어.

고개를 들어 보니 정말 눈앞에 어마어마하게 큰 버킹엄 궁전이 보였어. 버킹엄 궁전은 영국 왕이 사는 곳이야. 1년 전, 우리 가족은 버킹엄 궁전에 왔었어. 물론 여왕을 보기 위해서가 아니라 궁전을 지키는 영국 근위병들을 보기 위해서였지만 말이야.

'꿈일 거야! 이건 말이 안 돼!'

나는 눈을 질끈 감은 채 고개를 가로저었어. 아무리 생각해도 조금 전까지 한국에 있던 내가 영국에 있다는 게 믿어지지가 않았거든.

그때 붉은색 윗옷에 까만 곰털 모자를 쓴 근위병이 내 앞으로 다가왔어.

"꼬마야! 근위병 교대식 보러 왔니? 오늘은 벌써 끝났단다."

나는 속으로 깜짝 놀랐어. 근위병이 영어로 하는 말을 내가 알아들을 수 있었기 때문이야. 그 순간 정신이 확 들었지. 믿고 싶지 않았지만, 내 눈앞에 있는 건 진짜 버킹엄 궁전이었던 거야.

나는 도대체 우리가 왜 갑작스럽게 런던에 와 있는 건지 생각하느라 정신이 없었어. 어렴풋이 비누 거품을 타고 공중으로 떠올랐던 것이 생각났어. 그런데 뭘까? 이 불길한 느낌은. 나는 내 눈앞에 펼쳐진 현실을 무작정 벗어나고픈 생각에 쭈뼛쭈뼛 뒷걸음질을 쳤어.

"아이고, 아야~!"

낮은 신음에 뒤돌아보니 할머니 한 분이 바닥에 쓰러져 있지 뭐야? 내가 하필 할머니와 부딪혔나 봐. 나는 얼른 할머니를 부축해 드렸어.

"어디 다치신 데는 없나요?"

내 입에서 영어가 술술 나왔어. 마치 우리말처럼. 어떻게 된 일일까?

'헐! 내가 영어를 이렇게 자연스럽게 말하다니! 영어 학원 몇 년 다닌 효과가 드디어 나타나는 건가? 난 천재가 확실해!'

그 와중에도 이런 생각이 들지 뭐야. 난 진짜 긍정적인 녀석이야.

"발목을 삐끗한 것 같구나. 나를 집까지 부축해 줄 수 있겠니?"

할머니가 절뚝거리며 우리를 바라보았어. 순간, 나는 시골에 계신 우리 할머니가 떠올랐어.

"모셔다……."

그때 사고가 내 말을 가로막았어.

"할머니 댁이 어디신데요?"

"에든버러 성 부근이란다."

"그럼 저희가 차 타는 데까지 모셔다 드릴게요."

"가까운데 차를 왜 타니? 너희들이 조금만 부축해 주겠니?"

할머니가 애원하는 눈빛으로 우리를 바라보셨어. 결국 우리는 할머니를 집까지 모셔다 드리기로 했어.

10여 분쯤 걸어 웨스트민스터 사원을 지나니 영국 국회 의사당과 빅 벤이 보였어. 우리는 런던아이를 지나 런던탑까지 걸어갔어. 다리가 아플 법도 했지만, 멋진 런던 풍경을 구경하느라 다리 아픈 줄도 몰랐지.

지금 생각해 보면, 지나던 길에 빨간색 이층 버스도 여러 번 봤는데 왜 그 먼 길을 걸어서 가야 했는지 이해가 안 돼.

타워 브리지
더 샤드
(런던 브리지 타워)
템스강
테이트
영국 국회 의사당

영국의 수도 런던

수상한 할머니의 정체

아무튼 그렇게 한 시간 정도 걸어서 우리는 참나무가 하늘을 향해 죽죽 뻗어 있는 숲길에 도착했어. 참나무 사이로 아담한 집 한 채가 있더라고.

"여기가 내 집이란다."

할머니가 빙그레 웃어 보였어.

우리는 할머니와 작별 인사를 하고, 오던 길로 다시 돌아갈 생각이었어. 그런데 하필 그때 빗방울이 세차게 떨어지지 뭐야? 좀 전까지 해가 쨍쨍 나더니 갑자기 소나기가 내리는 거야. 영국은 하루 동안에 사계절이 있다더니 날씨가 변덕스럽기 그지없었어.

"금방 그칠 비가 아닌 것 같은데 비 그치면 가렴. 우리 집 민스 파이 맛도 좀 보고."

민스 파이라는 말에 나는 무척 설레었어. 민스 파이는 영국 사람들이 크리스마스에만 먹는 특별한 음식이거든.

▲ 민스 파이

할머니가 현관문을 여는 순간, 달달하면서 고소한 냄새가 풍겨 왔어. 내가 재빨리 집 안으로 발을 들이려는 순간 사고가 내 팔을 잡더니 귀에 대고 속삭였어.

"가지 말자. 뭔가 이상해!"

나는 또 사고의 의심병이 시작되었다고 대수롭지 않게 생각했어. 원래 사고는 모든 일에 의심이 많거든.

"왜 그래? 나 배고파 죽겠어. 빨리 들어가자."

나는 사고의 팔을 잡아끌고 집 안으로 들어갔어. 그런데 말야, 집 안에서 서늘한 푸른빛이 감도는 게 웬지 등골이 오싹하더라고. 사고 말대로 우리는 거기 들어가지 말았어야 했어. 그 집에 발을 들여놓은 순간 엄청난 일이 벌어지고 말았으니까.

집 안에 들어가자마자, 할머니가 청동으로 만든 작은 병을 내밀었어.

"얘야, 이거 뚜껑 좀 열어 주겠니? 늙어서 팔에 힘이 없다 보니 병뚜껑도 못 열겠구나. 으흐흐흐! 난 얼른 파이를 꺼내 오마."

할머니가 이렇게 말하며 부엌으로 가셨어.

"할머니 웃음소리가 이상하게 기분 나쁘네."

사고가 고개를 갸웃거렸어. 그 사이 나는 병뚜껑을 확 열었지. 순간

"펑!" 하는 소리와 함께 병 안에서 까만 연기가 몽실몽실 피어오르더니 부엉이의 모습으로 변했어.

"으하하하!"

우리 등 뒤에서 할머니의 웃음소리가 들렸어. 뒤돌아보니 다문화 축제에서 버블 마술을 하던 마술사가 서 있지 뭐야? 그제야 모든 의문이 풀렸어. 마술사는 일부러 우리를 유인하기 위해 버블 마술을 했고,

영국에 도착한 우리를 이 집으로 데려오기 위해 할머니로 변장을 했던 거였어.

마술사가 부엉이를 향해 양팔을 벌리자, 부엉이는 사뿐히 날아서 마술사의 어깨에 내려앉았어.

"하하하! 이번에는 내 눈이 정확했어! 너희가 바로 내가 찾던 아이들이었어!"

"아저씨가 일부러 우릴 버블 속에 가둔 건가요?"

사고가 대뜸 마술사에게 물었어.

"꼬마 아가씨! 이건 너희들의 운명이야! 아무나 버블 마술에 반응을 하는 것은 아니니까."

"왜 우리한테 그런 짓을 한 거예요? 어서 집으로 돌려보내 주세요."

사고가 마법사를 똑바로 쳐다보며 말했어.

"걱정 마라! 너희들 일이 끝나면 보내 줄 테니."

"우리가 할 일이 뭔데요?"

사고의 말이 끝나기가 무섭게 마술사의 휴대폰이 울렸어. 곧 통화를 하는 마술사의 표정이 험악하게 변해 갔지. 그러고는 뭐가 못마땅한지 화를 내며 전화를 끊어 버렸어.

"아저씨, 우리를 집으로 보내 주세요."

"너희 일이 끝나면 돌려보내 줄 테니 걱정 마라."

"우리가 할 일이 뭔데요?"

"곧 알게 될 거다. 나의 전사여! 아이들을 데려가라!"

마술사가 소리치자 험악하게 생긴 켈트족 거인이 나타났어. 거인의 몸에는 그림이 그려져 있었지.

켈트족 거인은 다짜고짜 나와 사고를 양손으로 잡아 움켜쥐더니 지하실로 끌고 내려갔어.

몸에 그림을 그리는 켈트족

켈트족은 기원전 2000년부터 기원전 1세기까지 스코틀랜드에 살던 민족이에요. 이들은 기원전 8000년경 무렵부터 아일랜드로 들어오기 시작했고, 기원전 6세기경에는 북부 유럽에서 들어온 켈트족이 잉글랜드를 장악했지요. 켈트족은 몸에 그림을 그리는 풍습이 있었어요. 그래서 그리스인들은 이들을 '몸에 그림 그리는 사람'이라는 뜻의 그리스어인 '프레타니카이'라고 불렀다고 해요.

"이거 놔! 놓으라고!"

우리는 거인의 손아귀에서 벗어나려고 안간힘을 썼지만 소용없었어.

얼마나 내려갔을까? 지하 계단이 끝나는 부분에 돌로 만든 방 하나가 보였어. 거인은 우리를 방 안에 밀어 넣고 문을 닫아 버렸어.

'쿵' 하고 방문이 닫히자, 주위가 온통 깜깜해졌어. 방문을 열려고 했지만 꿈쩍도 하지 않았지. 이것이 말로만 듣던 지하 감옥?

"밖에서 문을 잠갔나 봐! 사고야, 이제 어쩌지?"

"어쩌긴! 문을 열어 줄 때까지 갇혀 있어야지. 에이, 그냥 학원이나 갈걸! 이 꼴이 뭐야?"

사고가 중얼거렸어.

"맞다! 그러고 보니 사고 넌 학원 안 가고 왜 축제장에 있었던 거야?"

"그게, 탭 댄스 때문에."

"탭 댄스? 소리 나는 구두 신고 추는 춤 말이야?"

"탁탁 타다닥 탁 타다닥 탁……."

"응! 학원 가던 길에 탭 댄스 소리에 홀려 가지고 축제장까지 가게 되었는데 거기서 아까 그 마술사가 버블 마술을 하고 있더라고. 나도

탭댄스는 밑창에 쇠붙이를 박은
구두를 신고 마룻바닥을 치며 추는 춤이야.
아일랜드와 영국의 랭커셔주에서 유행하던 클록댄스와
미국 남부의 흑인들이 추던 춤과
뒤섞인 것이라고 해.

모르게 신이 나서 만지다가 버블에 갇히게 된 거야."

사고의 이야기를 듣는 사이, 내 눈이 어느 정도 어둠에 익숙해졌나 봐. 아무것도 보이지 않던 내 눈에 뭔가가 반짝이는 게 보였어.

영국의 정치

대부분의 나라에서는 대통령이 국가 원수이지만, 영국은 여왕이 나라의 통치자예요. 하지만 영국 여왕은 영국을 상징하는 존재일 뿐 통치하지는 않아요.
나라를 통치하는 통치권은 의회와 내각에 있는데, 의회를 선출하는 것은 바로 영국 국민이에요. 국민이 선거를 통해 선출한 사람들이 의회를 구성해서 정치를 하는 거예요.
물론 우리나라도 선거를 통해 의회를 구성하지만, 다른 점이 있다면 우리나라의 대통령이 하는 일을 영국에서는 총리와 내각이 하고 있다는 점이에요. 이것을 '의원내각제'라고 하지요.

성문 헌법이 없는 나라, 영국

우리나라 헌법은 '법전'의 형식을 갖춘 '성문 헌법'이에요. 대부분의 나라들이 우리나라처럼 법전에 글로 적혀 있는 헌법을 가지고 있지만 영국은 법전으로 만든 헌법이 없어요. 이런 헌법을 '불문 헌법'이라고 하는데, 영국은 법령과 관습법에 따라 헌법 정신을 갖고 있답니다.

영국의 역사

영국은 5세기경 로마 제국의 지배를 받던 나라였어요. 그 뒤 400여 년 동안 로마의 지배를 받던 영국은 9세기에 이르러 통일 왕국의 기초를 마련했어요. 14세기경 해외로 진출하며 식민지를 개척하던 영국은 1558년 엘리자베스 1세가 왕위에 오르면서 대영제국으로 발전을 하게 되지요.

18세기에 들어서는 세계 최초로 산업혁명이 시작되면서 영국은 세계에서 가장 강한 나라로 발전하게 돼요.

20세기에 이르러서는 세계 땅의 4분의 1을 차지하는 대제국이 되었지만, 제1차 세계대전으로 위기를 맞아 국력이 쇠퇴하기 시작했어요. 이후 많은 식민지들이 영국으로부터 독립을 했고, 1922년 남부 아일랜드가 독립하면서 북아일랜드만 영국의 영토로 남아 있게 되었답니다.

조지 스티븐슨이 개발한 증기 기관차 '로켓'호

3장

꼬마 요정 브라우니

브라우니에게 힘을!

"오빠, 여기 우리 말고 누가 또 있어. 저기!"

사고가 먼저 내게 속삭였어. 자세히 보니 빗자루를 들고 있는 꼬마

요정 같았어.

"너도 보여?"

"응! 재 꼬마 요정 맞지?"

우리 얘기를 들었는지 낡은 갈색 옷을 입고 빨간 두건을 쓴 꼬마 요정이 고개를 갸웃거리며 다가왔어. 자세히 보니까 온몸에 곱슬곱슬한 갈색 털이 돋아나 있더라고.

"너희들, 내가 보여?"

"응!"

나와 사고가 동시에 고개를 끄덕였지.

"나를 알아보다니? 너희들은 요정을 볼 수 있는 특별한 아이들이구나! 난 브라우니라고 해. 반가워!"

"브라우니? 초콜릿으로 만든 케이크 이름이랑 똑같네!"

내 말에 브라우니의 눈이 초롱초롱 빛났어.

"네가 바로 스코틀랜드의 농가에 살면서 집안일을 도와준다는 그 꼬마 요정이구나!"

사고가 아는 척을 했어.

"오! 나에 대해 들어 봤니?"

"책에서 봤어. 그럼 여기가 스코틀랜드야?"

"응! 정확히 말하면 여긴 에든버러 성 아래의 숲 근처 마을이야."

"브라우니, 만나자마자 미안한데 우리 좀 도와줄 수 있어?"

"어쩌지? 너희를 마법에서 풀어 줄 능력이 내겐 없는데!"

"뭐라고? 혹시 그 말은 우리가 마법에 걸렸다는 말이야?"

사고가 눈이 휘둥그레진 채 브라우니에게 물었어.

"응! 몰랐어? 너희는 흑마법사의 마법에 걸렸잖아."

에든버러 성

에든버러는 먼 옛날 스코틀랜드 왕국의 수도였어요. '에든버러 성'은 7세기경에 에드윈 왕의 명령으로 약 140미터의 높은 화산 위에 지어져 요새로서 중요한 역할을 했답니다. 나중에 건물들이 증축되면서 지금의 모습을 갖추게 되었어요.

"헐! 마법에 걸려서 내가 영어로 하는 말을 잘 알아듣고 대화도 자유롭게 할 수 있었던 거야? 에이, 좋다 말았네!"

내 말에 사고가 나를 한번 흘겨보더니 입을 열었어.

"흑마법사가 누구야?"

"이 집 주인! 그러니까 너희들이 본 마술사가 바로 흑마법사야."

우리는 너무 놀랐어. 그런데 그건 시작에 불과했어. 브라우니는 곧 우리에게 더 놀라운 이야기를 들려주었지.

"먼 옛날 영국에 멀린이라는 대마법사가 살았어. 때는 아서왕 시대였는데, 흑마법사가 아서왕을 죽이고 잉글랜드를 차지할 야심을 품었지. 이 사실을 안 멀린은 세상을 어지럽히던 사악한 흑마법사와 악령들을 모두 잡아 아무도 모르는 지하 무덤에 봉인을 해버렸어.

수천 년이 지난 어느 날, 영국의 고고학자이자 탐험가인 라이든 교수가 우연히 흑마법사가 봉인된 지하 무덤을 발견하게 되었어. 라이든 교수는 실수로 흑마법사의 봉인을 푸는 주술서를 해독하게 되었고, 그 뒤 흑마법사가 다시 세상에 나오게 된 거야. 흑마법사는 세상을 지배하려는 야심을 또다시 품었어. 자신을 돕던 악령들의 봉인까지 풀려 했지만 라이든 교수가 발견한 주술서는 더는 효력이 없었대. 흑마법사는 악령의 봉인을 풀 다른 방법을 찾아나서야 했지. 그렇게 백여 년이 흐른 뒤 흑마법사는 드디어 봉인을 풀 방법을 찾았는데, 그건 요괴를

볼 수 있는 특별한 능력을 가진 아이들이 병의 뚜껑을 여는 것이었어. 너희들이 바로 그 아이들이야!"

"하지만 내 동생 사고는 요괴를 볼 수 없는걸!"

사고가 잠시 머뭇거리다 입을 열었어.

"오빠, 사실은 나도 요괴를 볼 수 있어."

"뭐라고? 그럼 지금까지 안 보이는 척 연기를 했던 거야?"

"어차피 요괴나 귀신이 보인다고 말해도 아무도 믿어 주지 않잖아."

사고가 이렇게 말하며 한숨을 푹 쉬었어. 그나저나 브라우니의 말이 사실이라면 우리 앞에 닥칠 엄청난 사건이 시작된 셈이었어.

나는 흑마법사의 집을 나가야겠다고 생각했어.

"브라우니, 우리가 여길 빠져나가게 도와줘!"

"미안해! 나도 그러고 싶지만 지금은 그럴 힘이 없어. 나는 인간들의 집안일을 돕고 그들이 나눠 준 음식을 먹어야 힘이 세지거든. 그런데 보다시피 이 집에는 내게 음식을 나눠 줄 사람이 아무도 없어서 말이야."

"브라우니! 우리가 너를 위해 음식을 구할 방법은 없어?"

"음! 한 가지 있기는 해! 이곳 지하에 먹을 걸 담당하는 요정의 빵 가게가 있어. 하지만 빵을 사려면 영국 돈을 내야 하는데, 너희들 돈이 있니?"

브라우니가 물었어.

"물론이지!"

사고가 이렇게 말하며 가방에서 동전 한 주먹을 꺼냈어. 동전들 틈에 영국 돈인 파운드와 펜스가 보였어.

"사고야, 이 돈은 어디서 났니?"

"어디서 나긴! 작년 영국 여행 때 쓰고 남은 동전이야! 우리 학원에서 안 쓰는 외국 동전을 모아 불우 이웃 돕기를 한다고 해서 가지고 나왔었는데 이렇게 쓰게 될 줄 몰랐네."

사고가 싱글벙글 웃으며 동전을 골랐어.

"이건 1파운드, 이건 50펜스…. 오빠야! 이 정도면 빵 살 돈은 충분할 거야. 빵은 오빠 네가 사올 거지?"

사고가 내게 동전을 주며 말했어.

"어, 어! 물론이지! 브라우니, 요정의 빵 가게는 어떻게 가야 해?"

"저 문을 열고 가면 돼!"

브라우니가 가리킨 어두운 벽 쪽에 어렴풋이 초록색 문이 보였어. 나는 무작정 그곳으로 달려갔지.

"잠깐! 그 문은 미션을 통과해야 열려. 퀴즈…."

뒤에서 브라우니가 계속 뭐라고 소리쳤어. 하지만 나는 그때 이미 그곳까지 달려가 초록색 문 손잡이를 잡고 있었어.

"암호를 누르세요!"

어디선가 소리가 들렸어. 자세히 보니 문고리 옆에 알파벳을 누를 수 있는 전자 키가 보였어.

"브라우니! 무슨 암호를 누르라고 하는데 암호가 뭐야?"

나는 고개를 돌려 브라우니를 불렀지. 브라우니와 사고가 나한테 뭐라고 소리치는 것 같았지만 어쩐 일인지 하나도 들리지 않았어. 자세히 보니 브라우니와 나 사이에 커다란 유리막 같은 것이 가로막고 있었어.

저런 건 또 언제 생긴 거야? 나는 할 수 없이 모니터로 다가갔어. 암호가 무엇을 뜻하는지 알아야 했거든.

"무슨 암호를 누르라는 건가요?"

순간 번쩍 하면서 모니터에 글자가 나타났어.

영국의 화폐 단위

영국의 화폐 단위는 파운드 스털링(Pound sterling, 기호: £)으로, 보통 '파운드'라 하고, 영국 내에서는 '퀴드(quid)'라는 말로도 널리 불려요. 파운드는 지폐 단위로 £5, £10, £20, £50 이렇게 네 가지가 있고 크기가 각각 달라요. 지폐 앞면에는 '엘리자베스 2세' 여왕의 얼굴이 그려져 있고, 뒷면에는 증기 기관차를 발명한 '조지 스티븐슨' 등 업적이 뛰어난 인물들이 그려져 있어요. 동전 단위는 파운드, 페니, 펜스가 있어요. 1페니, 2펜스, 5펜스, 10펜스, 20펜스, 50펜스가 있고, 1파운드와 2파운드가 있어요. 지폐와 마찬가지로 크기와 모양이 다 달라요.

터스민트스웨 전궁 쪽북 에끝 는있

의탑게시 을칭별 요세하말.

이건 또 뭐람? 몇 번을 다시 봐도 도통 무슨 말인지 알 수가 없었어. 문득 브라우니가 '퀴즈' 어쩌고 하던 말이 떠올랐어.

'그래! 암호는 퀴즈야! 그리고 이건 퀴즈 문제이고!'

문제를 계속 들여다보던 내 머릿속에 어떤 생각이 떠올랐어. 그것은 내가 친구들과 몰래 게임을 하기 위해 주고받던 암호 방식이었어. 나는 종종 엄마에게 들키지 않기 위해 친구들과 연락을 할 때 글자를 뒤섞거나 거꾸로 쓴 암호를 만들어 사용했어.

'이것도 만약 글자가 거꾸로 배열이 되어 있다면?'

내 생각은 적중했어. 모니터 각 낱말의 글자를 거꾸로 배열하자, **'웨스트민스터 궁전 북쪽 끝에 있는 시계탑의 별칭을 말하세요.'**라는 문장이 완성되었어. 암호는 시계탑의 별칭이었어. 내가 문고리를 잡자, 다시 전자 키에서 소리가 흘러나왔어.

"암호를 누르세요!"

나는 빅 벤(Big Ben)이라는 알파벳을 차례대로 또박또박 눌렀어. 그러자 녹색 문이 스르르 열리지 뭐야? 그와 동시에 나와 브라우니 사이에 있던 유리 가림 막도 사라졌어.

사고가 내게 달려왔어.

"오빠! 오빠가 암호를 푼 거야?"

"당연하지!"

"우아, 대단한데!"

"이 정도 가지고 뭘! 얼른 빵 사 올게!

나는 큰소리를 치며 요정의 빵가게로 달려갔어. 그러고는 당당하게 빵을 사 와서 브라우니에게 건넸지.

브라우니가 빵을 받아먹자 곧 브라우니의 몸에서 빛이 나기 시작했어.

"자, 내가 빛이 되어 줄 테니까 나를 따라 나와. 그리고 혹시 어디에선가 길을 잃게 되면 이게 도움이 될 테니까 받아."

브라우니가 우리에게 빨간 털실 조끼를 입은 곰돌이 푸우 인형 하나를 건네주었어. 그리고 날아다니며 우리에게 길을 안내해 주었어. 그렇게 우리는 지하실을 무사히 빠져나왔지.

빅 벤(Big Ben)

영국 런던과 국회의사당의 상징인 대형 시계탑 속의 종을 말해요. 시계탑은 원래 정식 이름이 딱히 없었지만 '빅 벤'이라는 종의 이름이 사실상 탑의 이름처럼 불려지고 있어요. 1859년 E.베켓이 설계하여 웨스트민스터 궁전의 남쪽 빅토리아 타워와 대칭이 되도록 북쪽에 건축되었어요. 빅 벤이라는 이름은 공사를 담당했던 벤저민 홀 경의 이름을 기리기 위해, 혹은 덩치가 컸던 그의 별명에서 유래되었다고 해요.

흑마법사의 계략

앗, 그런데 나오자마자 우리 앞에 흑마법사가 떡하니 버티고 있는 게 아니겠어?

"뭐야? 어떻게 지하 비밀 공간에서 빠져 나온 거지? 으으르릉……."

흑마법사가 화가 난 듯 으르렁거리며 마법 봉을 마구 휘둘렀어. 그러자 갑자기 땅이 푹 꺼지며 우리는 순식간에 땅속으로 떨어지기 시작했지. 브라우니도 사색이 된 얼굴로 같이 땅속으로 빨려들어 갔어.

"으아악! 엄마야!"

나와 사고가 동시에 비명을 질렀어. 우리는 끝없이 깜깜한 어둠 속으로 떨어지고 있었어. 내려가고 또 내려가고, 마치 땅 밑에서 거대한 청소기가 우리를 빨아들이고 있는 것 같았어. 너무 무섭고 어지러워서 나는 눈을 감아 버렸어. 그리고 정신을 잃었지.

얼마나 시간이 지났을까? 내가 어렴풋이 눈을 떴을 때, 흑마법사가 음흉스런 눈빛으로 나와 사고를 바라보고 있는 모습이 희미하게 보였어. 주위는 어두침침했고, 벽돌로 촘촘히 쌓은 둥그런 벽과 천장이 하나로 이어진 방이었어. 사고와 나는 돌바닥에 팔과 다리가 묶인 채 누워 있었어.

"여기는 또 어딘가요?"

"수천 년 전에 활동하던 위대한 요괴들이 잠들어 있는 지하 무덤. 너희들 빨리 집에 가고 싶지? 이 요괴들을 깨워 주면 바로 집으로 보내 주마."

사고가 재빨리 대답했어.

"그런 일을 저희가 어떻게 할 수 있겠어요? 저흰 그럴 힘이 없어요."

"아니! 아까 난 분명히 보았단다. 너희들이 봉인된 혼령을 해제하는

걸 말이야. 이 일만 끝나면 집에 무사히 보내 줄게. 정말이야. 영국 최고의 여왕인 빅토리아 여왕의 혼령 앞에 맹세할 수도 있단다. 그런데 너희들이 만약 이 일을 하지 않는다면 영원히 이 지하 무덤에서 살게 될 거야."

흑마법사가 아주 비열한 표정을 지으며 말했지.

"오빠, 절대 병을 열어선 안 돼!"

"그건 나도 같은 생각이야!"

정말 오랜만에 사고와 나는 같은 생각을 했어. 세상에 도움 되는 일을 하지는 못할망정, 내 손으로 나쁜 혼령들을 깨워 세상을 혼란스럽게 하고 싶지는 않았어.

"좋아! 생각할 시간을 좀 주지!"

흑마법사가 큰소리를 내며 밖으로 나가 버렸어. 방 안에 우리만 있는 것을 확인한 사고가 조용히 브라우니를 불렀어. 그런데 아무리 불러도 브라우니는 나타나지 않았어.

"설마 브라우니가 잘못된 것은 아니겠지?"

"요정인데 잘못될 리가 없잖아."

"하지만 아까 우리랑 같이 땅속으로 꺼졌잖아. 걱정돼 죽겠어."

나와 사고는 브라우니를 걱정하며 이런저런 얘기를 했어.

"브라우니는 이제 영원히 못 볼걸!"

나는 소리가 나는 곳을 바라보았지. 벽장 위 문양 장식에 앉아 있던 부엉이가 말했어. 병에서 나온 바로 그 부엉이였어.

"브라우니는 병 속에 갇혀 있어. 예전의 나처럼."

"뭐라고? 누가 브라우니를 병에 가둬? 왜?"

"누구긴 누구야? 우리 주인님이지. 왜냐고? 너희들을 풀어 줬잖아! 마법사의 일을 방해했는데 가만 두겠니? 괜히 남의 일에 끼어들었다가 착한 브라우니만 불쌍하게 되었지 뭐야, 쯧쯧."

부엉이가 혀를 끌끌 차며 중얼거렸어.

"브라우니가 들어 있는 병이 어디에 있는데?"

"안 돼! 그걸 말하면 나는 큰일 나! 대신 병에서 날 꺼내 준 대가로 너희들 밧줄은 풀어 줄게."

부엉이가 이렇게 말하며 다가오더니 부리로 밧줄을 풀어 주었어.

"마음씨 착한 부엉이야, 브라우니가 있는 곳도 알려 주면 안 되니?"

사고가 부엉이에게 엄청 간절한 표정으로 말했어.

"나도 알려 주고 싶지만 그건 죽어도 말 못해!"

그런데 부엉이가 자꾸 벽장 안을 흘깃흘깃 쳐다봤어. 벽장 쪽에 뭐가 있는 건가? 나는 살금살금 벽장으로 다가갔지. 그러자 부엉이가 깜짝 놀란 듯 눈을 부라리고 날개를 파닥거렸어. 내가 누구야? 눈치 백단 김뭉치 아니겠어? 순간 벽장에 뭔가 있구나 싶었지. 언젠가 게임 속

얘들아,
나 좀 꺼내 줘.

에서 저런 비슷한 벽장을 본 적 있는데, 벽장 안쪽에 비밀 장치가 있었거든.

나는 벽장 안쪽을 들여다보았어. 그랬더니 정말로 한쪽 구석에 작은 문이 보였어. 나는 벽장 안으로 들어가 문을 열었지. 맙소사, 작은 방이 나타났어. 텅 빈 방안에는 선반이 하나 있었고, 그 선반에 똑같은 모양의 작은 병 2개가 진열되어 있었어.

"사고야! 여기 병이 있어. 이 병 안에 브라우니가 있을지 몰라."

"잠깐! 그거 악령이 봉인된 병일 수도 있잖아. 조심해야지."

언제 따라 들어왔는지 사고가 내 손을 붙잡았어. 나는 침을 꼴깍 삼켰어. 브라우니에게 집중하느라 악령 생각을 못했거든. 잘못하다가 또다시 악령을 깨울지 모른다는 생각에 머리카락이 쭈뼛 섰어. 그때 선반 위에 있던 왼쪽 병 속에서 브라우니의 목소리가 들려왔어.

"얘들아, 나 좀 꺼내 줘!"

겁에 질린 목소리이긴 하지만 틀림없이 브라우니의 목소리 같았어.

나는 그 병을 집어 들고 천천히 병 뚜껑을 열었지. 그런데 병 속에서 아무것도 나오지 않지 뭐야?

"이게 아니면 저건가 봐!"

나는 남은 병을 집어 들었어.

"오빠, 잠깐만! 브라우니의 목소리가 들린 병은 방금 전에 그 병이었어. 이건 아니야!"

"하지만 거긴 없었잖아. 우린 브라우니의 목소리를 분명히 들었고."

"그렇지만 만약 여기에 악령이 들어 있으면 어떻게 해?"

"어쩌지? 브라우니가 우리 때문에 갇혔는데 그냥 있을 수도 없고……."

나와 사고는 한참 동안 고민을 했어.

"아까 병을 열자마자 부엉이가 나왔는데, 이번에는 아무것도 나오지 않았어. 아마 이 병은 그냥 빈 병이었을지도 몰라."

"하긴! 병을 연 지 한참이 지났는데 아무것도 나오지 않는 걸로 봐서 그럴 수도 있겠다. 그럼 나머지도 열어 보자. 흑마법사가 돌아오면 우리는 영영 브라우니를 구할 기회를 놓칠 수도 있잖아."

결국 나와 사고는 나머지 병을 열기로 결정했어.

영국 한눈에 알아보기

영국의 음식 문화

영국의 대표 음식으로는 로스트 비프와 피시 앤 칩스, 요크셔 푸딩 등이 있어요. 로스트 비프는 쇠고기를 통째로 오븐에 구워 낸 요리이고, 피시 앤 칩스는 생선튀김과 감자튀김이에요. 영국은 일조량이 적고 기온이 낮아 달고 맛있는 과일이나 야채가 거의 나지 않아요. 대신 서늘한 기후에도 잘 자라는 감자가 많이 나기 때문에 감자로 만든 요리가 발달했어요. 영국의 음식은 재료가 가진 자연스러운 맛을 중시하여 소금과 후추 같은 기본적인 양념만 넣어 요리를 하는 경우가 많답니다. 특이한 점은 영국 사람들은 아침 식사로 시리얼과 달걀프라이, 훈제 청어 등을 푸짐하게 먹는 걸로 유명하다고 해요.

피쉬 앤 칩스

요크셔 푸딩

특별한 날 먹는 음식

영국 사람들은 크리스마스에 통째로 구운 칠면조나 거위에 브레드 소스나 크렌베리 소스를 뿌려 푸딩과 함께 먹어요. 후식으로는 패스트리 안에 과일과 향료를 넣고 조리한 다진 고기를 넣은 민스 파이를 먹어요. 그리고 부활절에는 십자가 무늬가 되어있는 핫 크로스 번이라는 빵과 예수의 12제자를 뜻하는 12개의 과자를 얹은 심넬 케이크를 먹는답니다.

영국의 차 문화

영국 사람들은 하루 여섯 번 차 마시는 시간이 있을 정도로 누구나 차를 좋아한다고 해요. 차를 마시는 문화는 원래 17세기 초 중국에서 들어온 뒤 시작되었는데, 그때만 해도 왕과 귀족들만 마셨어요. 그러다 영국의 식민지로 있던 인도가 차 재배지로 유명해지면서 일반 국민들까지 차를 마시게 되었어요. 특히 영국 사람들은 홍차에 우유를 넣어 마시는 것을 좋아해서 샌드위치나 잼을 바른 스콘 등과 함께 마셔요.

맨체스터 유나이티드 축구 클럽은 잉글랜드 맨체스터에 있는 잉글랜드 프로 축구 구단이다.

축구를 좋아하는 영국 국민

축구는 영국에서 시작된 스포츠로, 11명이 한 팀이 되어 발로 공을 차서 상대편 골대 사이에 공을 많이 넣으면 승리하는 경기예요. 축구 외에도 크리켓과 골프 등이 영국에서 시작되었는데, 영국 국민이 가장 좋아하는 스포츠는 바로 축구라고 해요.

일 년 내내 비가 내리는 날씨

영국의 날씨는 하루 동안에 사계절이 있다고 할 만큼 변덕스럽고 비가 자주 내려요. 그래서 런던 사람들은 바바리코트를 입고 우산을 쓰고 다니는 일이 많아요. 우리가 영국하면 바바리코트를 입은 신사가 우산을 쓴 모습을 떠올리는 것도 바로 영국의 변덕스러운 날씨 때문이에요.

4장

사고 뭉치의 아찔한 미로 탈출

괴물 요괴들의 등장

나는 나머지 병을 힘차게 열었지. 그러자 갑자기 병 속에서 검푸른 연기가 치솟지 뭐야? 연이어 다른 병 속에서도 음습하고 으스스한 기운이 물씬 풍기는 연기가 새어 나왔어. 그러더니 병에서 부엉이가 나올 때처럼 연기는 잇달아 거대하고 괴이한 요괴들로 변하기 시작했어.

"맙소사! 이게 아닌데!"

첫 번째로 나온 괴물 요괴부터 알려줄까? 그건 바로 내가 자주 하던 요괴 게임에 등장하던 '트롤'이었어. 그 트롤을 진짜로 보게 될 줄이야!

트롤은 보기만 해도 무서웠어. 거대한 몸집에 흉칙한 얼굴, 피부는 돌덩이를 덕지덕지 붙

여 놓은 것처럼 단단하고 거칠어 보였어. 트롤은 쇠사슬이 주렁주렁 달린 철퇴나 칼 같은 무기를 능숙하게 다루는 최강 괴물 요괴라고. 트롤은 나오자마자 엄청난 괴성을 지르며 우리를 쳐다보았어.

"으악!"

사고와 나는 눈을 감아 버렸지.

다음으로 나온 건 뭔지 아니? 검둥개인지 늑대인지 구별이 안 되는 요괴 '바게스트'였어. 시뻘겋게 불타는 눈은 번쩍거리고, 날카롭고 큰

이빨과 갈고리발톱을 가진 무시무시한 요괴야. 바게스트는 먼 옛날에 잉글랜드 요크셔 지방에서 출몰해서 좁은 골목길을 혼자 다니는 사람을 잡아먹고 다녔대. 그런데 이 녀석은 변신을 자유롭게 하는 재주가 있어. 하얀 고양이나 개로 나타날 때도 있고 머리가 없는 사람으로 나타날 때도 있어. 필요하면 투명한 모습으로 정체를 숨길 수도 있대. 요괴 박사인 나는 바게스트를 보고 등골이 오싹해졌어.

세 번째로 나온 요괴는 '블랙 이니스'로 일명 마귀할멈! 옛날에 영국 레스타샤 지방의 동굴에 살았다던 노파 요괴지. 비쩍 마른 몸에 죽은 자처럼 얼굴색이 창백해. 동굴 근처에 있는 떡갈나무 그늘에 몸을 숨기고 있다가 아이들이 지나가면 덮쳐서 잡아먹는다는 무시무

시한 요괴! 설마 우리도?

마지막으로는 정말 요괴를 넘어 악령의 끝판 왕인 '누켈라비'가 나왔어. 스코틀랜드 북동쪽 바다에 산다는데, 영국 전설에 등장하는 악마로 유명해. 반인 반마, 그러니까 허리 위는 사람이고 그 아래는 말의 모습을 하고 있는 악마야. 피부가 없어 혈관이 밖으로 다 드러나서 몸이 온통 붉은색이야. 겉모습만큼이나 두려운 괴물이지. 본래 바닷속에 살지만 육지로 올라와 가뭄과 전염병을 일으켜 도시 사람들을 몰살시킨 적도 있어.

"하하하! 부엉이가 성공했구나!"

갑자기 우리 등 뒤에서 호탕한 웃음소리가 들렸어. 뒤돌아보니 흑마법사의 어깨 위에 부엉이가 앉아 있더라고.

"이럴 수가……. 저 부엉이가 우릴 속였어!"

사고가 소리쳤어.

"이제 알았니? 똑똑한 줄 알았더니 새대가리보다 멍청한걸!"

부엉이가 낄낄대며 우쭐댔어.

병 속에서 부활한 요괴들은 흑마법사 앞에 무릎을 꿇었어.

"주인님! 무슨 일이든 명령만 내리십시오!"

"하하하! 좋아! 아주 좋아! 앞으로 해야 할 일이 많아. 서두르자!"

흑마법사가 호탕하게 웃었어. 그때 블랙 이니스가 우리를 보더니 침을 꼴깍 삼켰어.

"너무 오랜만에 깨어났더니, 배가 고프네. 마침 요 녀석들이 눈 앞에, 크흐흐."

사고와 나는 눈을 질끈 감았어. 내 심장이 너무 뛰어서 쏟아져 내릴 것 같더라고. 그 순간 흑마법사가 블랙 이니스에게 소리쳤어.

"블랙 이니스! 봉인을 푼 자는 건드릴 수 없다. 지하 요괴 세계의 법칙이야."

"후유……."

우리는 동시에 가슴을 쓸어내렸지.

"그렇다면 주인님! 애들을 네시에게 제물로 넘길까요?"

아니, 이번에는 누켈라비가 나서서 초를 치는 거야. '네시'라면 네스호에 사는 괴물 네시라는 말인가?

흑마법사가 잠시 고민을 하더니 말했어.

"네시는 잠적했는지 요즘 활동을 하지 않아!"

"하지만 우리가 비밀리에 활동하려면 아이들을 어떤 방식으로든 처리해야 합니다. 이 일이 세상에 알려지기라도 하면……."

네스호의 네시

네시는 스코틀랜드에 있는 네스호에 산다는 괴물이에요. 여러 사람들이 네시호에서 괴물을 보았다는 주장을 했고, 1975년에는 미국인 변호사가 네스호에서 목을 길게 내민 괴물 사진을 찍었어요. 2003년 7월 영국의 BBC방송은 네스호의 괴물 정체를 밝히려고 수중 탐험 전문가, 생물학자들과 함께 음파 탐색기와 위성 추적 장치를 이용해 네스호를 샅샅이 탐색했지만 네시의 존재를 밝혀내지 못했어요.

어둠의 미로 속으로

누켈라비의 말에 흑마법사의 얼굴이 굳어졌어. 그때 부엉이가 흑마법사의 눈치를 보더니 슬쩍 끼어들었어.

"아이들을 어둠의 미로에 가두는 건 어때요? 우리가 필요할 때 데려와서 또 써먹을 수도 있고."

"어둠의 미로? 그거 좋은 생각이군! 너희들 생각은 어때?"

흑마법사가 묻자, 요괴들이 고개를 끄덕였어.

"좋아! 그럼 미로의 문을 열어야겠군!"

흑마법사가 이렇게 말하며 양손을 번쩍 들고 주문을 외웠어.

"호그알라 호그수알로아!"

그러자 "펑" 하는 소리와 함께 벽에 문이 만들어졌어.

"너희가 정해진 시간 안에 이 미로를 통과하면 너희들 앞에 집으로 돌아갈 수 있는 마술 버블을 생길 것이다. 물론 통과하지 못하면 영원히 미로 속을 헤매야겠지. 어서 들어가!"

흑마법사가 우리에게 험악한 얼굴로 말했어.

"싫어요. 일 끝내면 집으로 보내 준다고 약속했잖아요!"

내가 소리치자, 바게스트가 사고와 나를 확 잡아채서 문 안으로 집어넣었어. 그리고 '쾅' 하는 소리와 함께 벽이 닫히면서 거대한 돌 유적지가 눈앞에 나타났어.

"여긴 스톤헨지야!"

우리는 한눈에 스톤헨지를 알아보았어. 작년 영국 여행 중에 방문했던 곳이라 단번에 알 수 있었지.

스톤헨지

스톤헨지는 '공중에 걸쳐 있는 돌'이라는 뜻으로 영국의 솔즈베리 지방에 있는 선사 시대의 유적이에요. 2개의 거대한 돌 위에 1개의 돌이 얹혀져 있는 모양을 하고 있어요. 스톤헨지의 특징은 거석들이 모두 한 중심점을 향해 동그랗게 서 있다는 점이에요. 또한 방향 표시석인 힐스톤이라는 돌이 동쪽을 가리키고 있는 점도 특이해요. 이런 이유로 스톤헨지가 해시계일 거라고 주장하는 학자들도 있답니다. 스톤헨지는 선사 시대의 중요한 건축물로 역사적 가치를 인정받아 세계 문화 유산에 등재되었지요.

바로 그때 거대한 석조물들이 갑자기 이리저리 움직이더니 순식간에 우리를 에워싸 버리지 뭐야? 우리는 꼼짝달싹 못하고 돌기둥 사이에 갇힌 꼴이 되고 말았어. 그때 사고가 브라우니가 선물한 곰돌이 인형 옷의 실매듭을 풀기 시작했어.

"인형 실을 왜 풀어?"

"그리스 신화에 나오는 테세우스가 미궁에 갇혔을 때 빠져나올 수 있던 방법 기억나? 나도 방법을 쓸 거야. 그래야 미궁 속을 헤매지 않고 나갈 수 있어."

사고의 말에 나는 마른침만 꿀꺽 삼켰어. 테세우스는 미궁을 헤매지 않고 벗어나기 위해 입구에 털실을 묶은 뒤 줄을 풀면서 안으로 들어갔어. 우리도 브라우니가 준 곰 인형의 털실을 풀어 주변의 돌기둥에 묶고 실타래를 풀면서 미로의 길을 빠져나가기 시작했어.

앗, 그런데 갑자기 주변이 온통 깜깜해지지 뭐야? 아무것도 보이지 않았어. 이래서 '어둠의 미로'라고 한 건가?

"아무것도 안 보여! 여길 어떻게 빠져나가라는 거지?"

순간, 내 머릿속에 떠오르는 것이 있었어.

"벽을 따라 걸어가는 거야!"

"그러다 잘못된 길로 가게 되면?"

"잘못된 길로 가서 막힌 곳이 나타나더라도 벽을 따라 계속 가다보

면 처음 갈림길이 나타날 거야. 해 보자! 내 손을 잡아!"

나는 사고의 손을 잡았어. 그러고는 한손으로 벽을 만지며 벽을 따라 천천히 앞으로 걸어 나갔지. 얼마나 걸었을까? 우리가 처음 실을 묶은 갈림길 입구의 기둥이 만져졌어.

"어, 우리가 미로를 다 빠져나왔나 봐."

내가 사고에게 큰 소리로 말하는 동시에 빛이 새어 들어오더니 눈앞이 밝아졌어. 그런데 이게 웬일이야? 눈앞에 트롤이 떡 하니 버티고 있는 거야. 으악!

"꽤나 영리한 것들이로구나. 하지만 이 갈림길을 통과하기 위해서 너희는 내가 내는 문제를 맞혀야만 해. 크흐흐. 어디 맞추나 보자."

트롤이 비열한 웃음을 지으며 이렇게 말했지.

"내 말 속에서 영국 사람들이 즐겨 먹는 차 이름을 찾아내라."

아니, 도대체 뭐라는 거야? 저 말들 속에 차 이름이 있다고? 나는 머리를 굴리며 여러 글자를 빼 내서 조합해 보았어. '만적더탕? 얼어레사?' 이런 차 이름은 들어본 적이 없는데. 그때 사고가 이렇게 소리쳤지.

"얼그레이!"

그러자 트롤이 당황한 표정으로 앞을 비키며 말하더라고.

"이런, 정답을 맞췄네! 약속은 약속이니까, 이리로 나가라."

"사고야, 어떻게 맞춘 거야?"

"트롤이 말한 네 문장의 앞 네 글자를 대각선으로 따라 내려가니까, 영국 사람들이 즐겨 마시는 '얼그레이' 이름이 되더라고."

▲ **얼그레이** 중국산 홍차의 떫은맛을 없애고 향을 첨가한 홍차의 한 종류. 영국의 '그레이 백작 2세'가 자신의 이름을 따서 차의 이름을 지었다고 해요.

사고가 어깨를 우쭐하며 말했어. 역시 똑똑한 내 동생, 잔소리할 때 말고 이럴 때만 똑똑하면 얼마나 좋아.

아무튼 트롤이 비켜 준 갈림길을 따라 나오다 보니까 미로의 입구가 나타났어. '아, 이렇게 무사히 탈출하는 건가?' 싶었는데……. 그런데 뭐야? 이번에는 입구에 바게스트가 떡 하니 버티고 있는 거야. 어둠 속에서 보니까 눈에서 빨간 광채가 번쩍이는 게 번개 치는 것처럼 무서웠어. 바게스트가 우리에게 말했어.

"운이 좋은 녀석들이군. 내가 내는 문제를 맞춘다면 너희는 이 미로의 입구를 통과할 수 있다. 내가 한 말 속에서 장난꾸러기 요정의 이름을 찾아내라."

이건 또 뭐람? 나는 바게스트가 말한 문장의 대각선 배열, 문장 거꾸로 배열, 자모음 하나씩 밀려 글자 만들기 등등 퀴즈 문제에서 나오는 온갖 방법들을 해보느라 머리가 터질 지경이 됐어. 하지만 내가 알고 있는 요정의 이름은 나오지 않았어. 그러다 번뜩 생각이 났지.

"스프라이트! 장난꾸러기 요정의 이름은 스프라이트야."

바게스트가 말했어.

"정답! 할 수 없군. 미로의 문을 여는 수밖에."

"오빠, 어떻게 알았어? 나도 처음 듣는 이름인데."

이번에는 내가 우쭐대면 사고에게 말했지.

"저 녀석이 말한 문장의 맨 앞 글자만 따니까 요정의 이름이 되더라고. 으하하. 난 천재?"

잠시 뒤 바게스트가 "어도더픈오!"이라고 뭔가 이상한 주문을 외우자, 미로 입구의 문이 '쿵' 하고 올라갔어. 그리고 희미한 빛이 나타났어. 그 빛은 바로 거대한 버블 풍선에서 나오는 빛이었어.

"우아, 우리가 정말 미로를 탈출했나 봐!"

레프리콘 요정을 찾아서

그때 갑자기 주변이 환해졌어.

"축하한다! 이제 마술 버블을 타고 집으로 돌아가거라. 너희는 그 버블을 타는 순간 여기서의 모든 기억을 잊게 될 거다."

흑마법사가 이렇게 말하며 밖으로 나가자 요괴들도 따라 나갔어. 집 안에는 마술 버블과 우리만 남았어. 하지만 우리는 둘 다 버블 안으로 들어가지 못하고 망설였어.

"이 버블이 얼마 동안이나 살아 있을까?"

"그건 왜?"

"브라우니가 우리 때문에 어딘가에서 힘든 시간을 보내고 있을 거 같아 걱정이 돼. 어떻게든 브라우니를 구하고 돌아가야 해."

사고가 곰돌이 인형을 만지며 말했어.

그 순간, 브라우니의 목소리가 들렸어.

"난 무사해!"

놀란 우리가 고개를 들자, 우리 앞에 정말 브라우니가 다시 나타났어.

"어떻게 된 거야? 흑마법사가 병 속에 가뒀다고 했는데."

"부엉이가 거짓말한 거야. 나는 어른들 앞에서는 절대 모습을 드러내지 않아. 마법사가 너희 스스로 병을 열도록 유도한 거야."

브라우니의 말에 나는 어이가 없었어.

"뭐라고? 왜 그렇게까지 했지? 병을 열게 하려면 우리를 협박해도 되는데."

"그건 너희 스스로 병을 열어야 봉인이 해제되기 때문이야. 누군가

강제로 병을 열게 하면 절대 봉인이 해제되지 않거든. 이제 어서 늦기 전에 집으로 돌아가렴."

브라우니가 미소를 지으며 말했어.

하필, 그때 배가 살살 아파 오지 뭐야? 화장실부터 다녀와야 할 거 같았어.

그런데 사고가 막무가내로 내 팔을 잡고 마술 버블에 태우려고 하지 뭐야? 나는 사고의 손을 뿌리치며 말했어.

"사고야, 좀 있다 가자!"

"왜?"

"하, 할 일이 남았어."

"무슨 할 일? 설마 악령들을 오빠가 깨웠다고 다시 돌려놓을 생각을 하는 거야? 오! 너무 멋진걸!"

어, 이게 아닌데? 나는 화장실이 급한 건데, 이를 어떻게 하면 좋지? 사실, 좀 창피한 얘기인데, 지금까지 살면서 사고한테 칭찬받은 적이 거의 없었어. 그래서 기분이 너무 좋더라고. 그런데 만약 내가 똥이 마렵다고 말하면 사고는 또 나를 무시하며 한심스런 눈으로 쳐다보겠지? 그래서 결국 해서는 안 될 말을 뱉고 말았지.

"엄마가 그랬잖아! 자기가 벌인 일을 책임질 줄 알아야 한다고! 내가 벌인 일, 내가 책임질게."

맙소사! 내가 무슨 말을 한 거야?

이때 브라우니가 환하게 웃으며 엄지손가락을 척 들어 올렸어.

"오빠, 나도 할래! 브라우니, 우릴 도와줄 수 있지?"

브라우니가 머리를 긁적이며 곤란한 표정을 지었지.

"잠깐 생각할 시간을 줘."

브라우니가 고민하는 사이 나는 화장실로 달려갔어. 그러곤 볼일을 시원하게 본 뒤 돌아왔지.

그때 브라우니가 나와 사고를 불렀어.

"너희들 도와줄게. 마침 너희를 도와줄 사람이 생각났어. 바로 레프리콘 할아버지야!"

"레프리콘이 누군데?"

"영국에서 가장 오래 살았다는 아일랜드의 요정이야. 나도 소문으로 들었는데 아서왕의 전설에 나오는 대마법사 멀린의 수제자가 할아버지의 친구였대. 멀린의 수제자가 병에 악령들을 봉인했다고 했으니까 아마도 레프리콘 할아버지가 이번 일을 해결할 방법도 가장 잘 알고 계실 거야."

"영화에서 본 적 있는데 레프리콘은 화가 나면 정말 무섭더라. 레프리콘이 과연 우리를 도와줄까?"

"글쎄, 우리가 도와주도록 만들어야지."

"걱정 마. 만약 우리 부탁을 거절하면 내가 확 납치해 버릴 거야."

사고의 말에 브라우니가 깜짝 놀란 표정을 지었어.

"맙소사! 말도 안 되는 소리!"

"왜 말이 안 돼? 책에서 봤는데 사람들에게 잡힌 레프리콘이 자신을 놓아 주면 세 가지 소원을 들어준다고 하던데? 우리도 레프리콘을 잡은 다음 소원을 들어주면 풀어 준다고 하면 되지."

사고의 엉뚱한 말에 브라우니가 눈을 동그랗게 떴어.

"레프리콘 할아버지는 그런 요정들과는 달라. 자기를 해치려고 하는 사람은 절대 돕지 않아."

“정말이야? 까딱하다 정말 큰일 날 뻔 했네.”

사고가 천연덕스럽게 중얼거렸어.

“애들아, 해가 지기 전에 어서 아일랜드로 가자!”

브라우니가 이렇게 말하며 나와 사고에게 금가루를 뿌렸어. 그러자 우리 몸이 날개 달린 작은 요정으로 변했어.

“지금부터 우리는 시간의 터널 속을 지날 거야.”

“시간의 터널?”

“응! 좀 더 자세히 말하자면 아일랜드의 전설로 내려오는 아서왕 시대를 지나갈 거야. 영화 감상한다고 생각하고 천천히 지나가면 돼. 참! 절대로 비명을 질러서는 안 돼. 누군가 너희들 말소리를 알아듣게 되면 몸이 원래대로 돌아갈 수도 있거든. 그럼 그 시대에 남아서 살아야 돼. 자, 그럼 출발하자.”

브라우니가 앞장서 시간의 터널 속으로 들어가자, 나와 사고는 그 뒤를 따라갔어. 곧 뿌연 안개 속으로 낯선 마을이 나타났어.

아서왕의 전설
브리튼 왕이 사는 성 근처의 마을을 지날 때,
어둠 속에서 누군가의 말소리가 들렸어.
멀린! 사정이 있어서 아서 왕자를 자네에게 맡기겠네. 훌륭하게 키워 내 뒤를 잇게 해 주게.
왕이시여! 저를 믿으십시오.
탁 탁 탁
어딜 가지? 따라가 보자!

아, 저기 있군!
엑터경,
벌써 나와 있었군!
귀한 아기이니
잘 키워 주게.
염려 마시오. 내 아들로
잘 키우리다.
사고야,
아기 아서가
어릴 때 내 모습이랑
똑 닮지 않았냐?
쳇! 영국
오더니
왕자병이
생겼네!
쉿!
아서 왕자는 엑터경의 집에서 잘 자라고 있었어.
아, 아버님!
짝 짝짝 짝짝
아서!
무술 실력이 많이
늘었구나!

잠시 뒤, 우리가 대성당 앞을 지나갈 때였어.
쿠쿠쿠쿠
무슨 소리지?
짜잔
이게 뭐, 뭐지?
바위에 칼이 꽂혀 있다!
칼자루에 글자가 써져 있네!

이 칼을 뽑는 사람이 브리튼의 참다운 왕이 되리라!
나도 한번 뽑아 볼까?
나도 해 봐야겠군!
칼을 뽑으려거든 줄을 서시오!
헐, 진짜 칼만 뽑으면 왕이 되는 거야? 나도 한번?
낑
땡! 다음 사람!
끙
당신도 땡! 다음!
모두들 비키시오! 이분이 바로 칼 주인이오!

웅성
저 귀족 뒤로 줄 서자! 사람이 줄을 잘 서야 출세를 하지!
저 귀족은 누구지?
웅성
칼을 뽑으면 우리의 왕이 되겠지!
헐! 저 사람은 흑마법사!
남자의 얼굴을 확인한 순간, 나도 모르게 소리를 질렀지 뭐야?
휙
쏙
누가 내 이름을 부른 것 같은데? 잘못 들었나?
흐흐. 멍청한 흑마법사!
끄응
숨느라 날개에 약간 금이 가기는 했지만 다행히 나는 원래 몸으로 돌아가지는 않았어.
브리튼 만세 아서왕 만세

만세~
당신은 신의 뜻에 따라 브리튼의 왕이 되셨습니다!
잘생겼다!
모른 척하고 싶었는데 어느새 나는 사람들 사이를 비집고 들어갔어.
으, 분하다! 브리튼을 내 것으로 만들 기회였는데.
광장을 빠져나오자 호수가 나타났어. 아서왕이 호수의 요정에게 엑스캘리버를 받아 들고 있었지.
아! 사랑에 국경도 없다고 했는데!
아서왕이 귀네비어 왕비의 아버지를 구하기 위해 거인과 결투를 하고 있는 거야.
어디서 본 것 같아.
우리는 시간의 터널 속을 계속 지나갔어. 마치 영화 필름이 돌아가는 것처럼 계속해서 다른 장면들이 펼쳐졌어.

비어 있던 원탁의 자리에 드디어 하나 둘 진짜 주인들이 나타났군요.
앗, 게임에서 보던 원탁의 기사들!
브리튼을 위해 모든 것을 바치겠습니다!
잠시 뒤, 원탁에 앉아 있는 기사들이 보였어.
앗, 그런데 그때 복면을 쓴 도둑이 아서왕의 방에 몰래 들어가는 게 보였어.
으하하! 이 칼만 가지면 브리튼을 내 손아귀에 넣을 수 있어!
복면 쓰면 모를까 봐? 딱 봐도 흑마법사구만!
침 흘리는 것 좀 봐!
그 순간, 멀린이 나타나 흑마법사를 막아섰어.
흑마법사! 칼을 버려라! 그 칼의 주인은 아서왕뿐이다!
웃기시네! 칼을 차지하는 사람이 주인이지!
엑스칼리버! 흑마법사를 잡아라!
팍
칼이 왜 이러지? 이게 아닌데!

흑마법사는 엑스칼리버를 내팽개친 채
도망치기 시작했어.
두고 보자, 멀린!
하지만 그걸로 끝이 아니었어. 흑마법사가 덤불 속에 숨어 멀린을 노리고 있었어.
멀린이 죽으면 아서왕이 위험해지는데!
맞아! 그렇지! 가만 안 둬!
나는 내 정체가 들통날까 봐 소리칠 수가 없었지.
그때 사고가 사고를 치고 말았어.
나쁜 마법사! 혼 좀 나 봐라!
쓱
딱
앗, 들켰나? 일단 도망가자.
후다닥

시간의 터널을 더 지나니 나이 든 아서왕이 보였어.
나의 할 일이 끝났구나. 나의 보검 엑스캘리버를 저 아래 호수 속에 던져라!
첨벙
필요 없으면 나나 줄 것이지!
잠시 뒤, 다시 호수 근처를 지나는 우리 눈에 흑마법사가 보였어.
텀벙
텀벙
반드시 신검을 찾아 내 앞에 가져와라!
그때 호수 밖으로 낯익은 모습이 얼굴을 내밀었어. 바로 그렘린이었지.
대장! 아무리 찾아도 없는데요! 네시한테 도와 달라고 해 볼까요?
촤악
저건 그렘린인데!
놀란 나는 다시 확인해 보려 했지만 어느새 모두 사라지고 없었어.
맙소사! 그렘린이 흑마법사의 부하였다니!
그렇게 우리는 무사히 아일랜드에 도착했어.
고생들 했어. 무사히 시간의 터널을 빠져나온 거 같다!
와, 드디어 아일랜드에 도착했어!

5장

공포의 퀴즈 미션에 도전하다

고집쟁이 레프리콘

아일랜드에 도착하자마자 우리 몸에 있던 날개가 사라지면서 원래의 모습으로 돌아왔어. 한참 동안 여기저기를 살피던 브라우니가 갑자기 납작 엎드리더니 땅바닥에 귀를 갖다 댔어. 그러더니 벌떡 일어나 주문을 외웠어. 곧 땅바닥이 갈라지며 계단이 나타났지.

"고개를 숙이고 조심해서 날 따라와."

브라우니가 앞장서서 계단을 내려가자, 나와 사고도 그 뒤를 따라갔어. 계단을 한참 내려가자 아담한 마을이 나타났어.

"여기가 레프리콘 할아버지의 구둣방이야!"

브라우니가 아담한 구둣방 앞에서 걸음을 멈췄어. 가게 안에서 익숙한 노래가 흘러나왔지.

"앗! 이 노래는 비틀스의 '예스터데이'인데!"

"이 노래를 아니?"

브라우니가 내게 물었어.

"응! 우리 아빠가 제일 좋아하는 노래야. 그런데 레프리콘이 인간의 노래를 듣다니 신기하다."

"나도 그렇게 생각해. 소문에는 레프리콘의 도움을 받은 어떤 사람이 노래 한 곡을 선물해 줬는데 그 노래만 밤낮없이 들으신대."

"레프리콘 요정도 인간 음악에 푹 빠진 거지. 근데 왜 한 곡만 듣는 거야?"

"그건 선물 받은 노래가 한 곡뿐이라서 그럴 거야. 우리 요정들은 인간들의 물건을 함부로 가질 수 없어. 누가 선물해 주면 몰라도."

브라우니가 이렇게 말하며 가게 문을 열었어. 가게 안으로 들어가자 빨간색 삼각 모자를 쓴 꼬마 요정들이 보였어. 요정들은 망치로 가죽을 두드리고 있었지. 꼬마 요정들 틈에 온몸이 쭈글쭈글 주름투성이인 할아버지 요정이 보였어. 당나귀처럼 긴 귀에 주황색 수염과 구레

비틀스

1960년 영국의 항구 도시 리버풀에서 결성된 전설적인 록 밴드로 존 레넌, 폴 매카트니, 조지 해리슨, 링고 스타가 구성원이에요. 1962년 데뷔 곡인 〈러브 미 두(Love Me Do)〉로 시작하여 1970년 마지막 앨범 《렛 잇 비(Let It Be)》를 남기고 해산하기까지 비틀스만의 아름다운 선율과 감동이 담긴 음악을 선보였고, 오늘날까지 전 세계 대중들의 사랑을 받고 있어요.

나룻이 덥수룩한 얼굴 모습이 특이했어. 레프리콘은 세상 귀찮은 표정으로 가죽을 꿰매고 있더라고.

"레프리콘 할아버지!"

브라우니가 할아버지 요정을 향해 달려갔어. 할아버지 요정이 이마에 걸쳐진 안경을 내려 쓰더니 이내 환하게 웃어 보였어.

"브라우니구나! 네가 어쩐 일로 이 먼 곳까지 왔느냐?"

레프리콘이 이렇게 물으며 우리를 호기심 어린 눈으로 힐끗 쳐다보았어.

"할아버지의 도움이 필요해서 이 아이들을 데려왔어요."

브라우니는 그동안 일어난 일들을 찬찬히 설명했어. 이야기를 다 들은 레프리콘이 '쯧쯧' 혀를 차며 말했지.

"멀린이 이 사실을 알면 지하에서 벌떡 일어나겠구나!"

"멀린이라면 혹시 아서왕의 전설에 나오는 대마법사 멀린인가요?"

"그렇단다. 내가 이 세상에서 가장 좋아하는 친구지."

"그런데 멀린은 호수의 요정에 의해 누구도 알 수 없는 암흑의 성에 갇혔다고 하던데요."

사고가 아는 척을 했어.

"잘 알고 있구나! 네 말대로 멀린의 육체는 갇혀 있지만 그의 영혼은 한없이 자유롭단다."

“그렇다면 멀린이 다시 흑마법사를 막을 수도 있다는 말인가요?”

사고가 들뜬 목소리로 레프리콘에게 물었지.

“멀린이 살아온다면 말이지! 설마 너희들 나더러 멀린의 육체를 살려서 흑마법사를 막아 달라고 찾아온 것이냐?”

레프리콘이 눈을 동그랗게 뜨고 물었어.

“네! 맞아요!”

“나는 할 수 없어! 아니 못 한다!”

“왜죠? 할아버지는 곤경에 빠진 사람이나 요정들을 도와주곤 하셨잖아요.”

브라우니가 물었어.

"예전에는 그랬지. 하지만 이제는 다 귀찮아. 사람들 일에 참견하고 싶은 마음이 하나도 없어. 그저 맘 편하게 음악이나 들으며 사는 게 좋아. 그러니 이만 돌아가렴."

레프리콘이 이렇게 말하며 우리에게서 등을 획 돌렸어. 그 사이 비틀스의 노래는 같은 곡이 계속 반복되고 있었지.

"여기까지 왔는데, 무슨 방법 없을까? 뭐 선물 같은 거 해 드리면 마음이 돌아서지 않을까? 레프리콘 할아버지는 뭘 좋아하셔? 먹을 거든 뭐든 우리가 구해 볼게."

사고가 브라우니에게 여기까지 말했을 때 나는 문득 비틀스 음악을 선물하면 좋겠다는 생각이 들었어. 마침, 내 가방 속에 비틀스 노래 앨범 시디(CD)가 있었어. 며칠 전 아빠 생일 선물로 산 건데, 사고도 똑같은 걸 샀지 뭐야? 그래서 한 개는 반품하려고 가지고 다녔는데 어쩌다 보니 음반 가게에 가지 못해 계속 가지고 다녔던 거였어.

"사고야, 이거 레프리콘에게 선물하려고 하는데 네 생각은 어때?"

"오! 좋은 생각! 레프리콘 할아버지는 음악광이시니까."

사고가 흔쾌히 고개를 끄덕였어. 나는 당장 레프리콘에게 비틀스 노래가 담긴 시디(CD)를 선물로 건넸어. 그러자 레프리콘이 어린애처럼 너무 좋아하지 뭐야?

퀴즈 미션을 통과하라!

"선물을 받았는데 나도 가만있을 수 없지! 얘들아, 저거 한번 볼래?"

레프리콘이 한쪽 벽을 가리키자, 커튼이 양쪽으로 쫙 펼쳐지며 현수막이 나타났어. 현수막에는 이런 글자가 적혀 있었지.

퀴즈 미션을 통과하면 누구나 소원을 들어 드립니다!

스릴 만점 놀이 기구를 타고 푸는 최고의 퀴즈 미션!
미션을 통과하면 소원 성취!
<경고> 심장이 약하거나 멍청한 사람은 오지 말 것!
스트레스 받아 죽을 수도 있음!
-요괴 나라 아일랜드 지부장 레프리콘-

"우아, 할아버지 저게 뭐예요?"

"소원을 들어주는 마지막 이벤트란다! 이제 그만하려고 했는데, 너희들에게 기회를 주마. 행운을 빈다."

레프리콘의 말에 사고가 눈을 반짝였어.

"오빠! 해 보자! 퀴즈라면 자신 있어!"

"좋아! 해 보자!"

나와 사고는 손바닥을 마주쳤어.

나와 사고는 그렇게 생각지도 못한 요괴 나라의 퀴즈 미션에 참가하게 되었어. 레프리콘은 우리를 '요괴 나라'의 놀이 공원으로 안내했지. 이건 그냥 퀴즈가 아니었어. 무시무시한 놀이 기구를 탄 채 퀴즈를 푸는 것이었어.

요괴 나라 진행 요원이 다가왔어.

"첫 번째 문제는 누가 도전할 건가요?"

"오빠 네가 먼저 해! 원래 첫 번째 문제는 맛보기 문제라 쉬울 거야. 어려운 문제는 내가 맡을게."

사고가 잘난 척을 했어. 사고의 말이 아니꼽기는 했지만 지금 그런 거 따질 때가 아니었지.

"제가 할게요. 헤헤."

내가 앞으로 나가자 진행 요원이 내게 간단한 주의 사항을 줬어.

"롤러코스터가 돌기 시작하면서 퀴즈 문제가 나올 겁니다. 정답을 말해야 롤러코스터에서 내릴 수 있습니다. 기회는 딱 세 번입니다."

"네? 롤러코스터라고요?"

"후유, 다행이다! 난 롤러코스터 질색인데."

내 뒤에서 사고가 가슴을 쓸어내리고 있었어. 그러자 기다렸다는 듯이 엄청 긴 롤러코스터 열차가 내 앞으로 다가왔어. 진행 요원의 신호에 따라 나는 열차에 올라탔어. 앞 좌석 의자에 작은 마이크가 달려있는 게 보였어. 곧 롤러코스터가 서서히 움직이기 시작했지. 그러고는 마이크에서 첫 번째 문제가 나왔어.

"에드워드 6세에 이어 영국의 여왕이 된 제인 그레이는 영국 역사상 가장 짧은 기간 동안 영국을 통치한 여왕입니다. 제인 그레이가 영국을 통치한 기간은 며칠일까요?"

분명 익숙한 문제였어. 세계 역사 만화책에서 본 적이 있었거든. 조금만 생각해보면 기억이 날 것 같았는데, 그 순간 롤러코스터가 빠르게 돌기 시작하지 뭐야? 게다가 360도로 회전까지 하다 보니 정신이 하나도 없고 내 입에서는 비명이 절로 나왔지. 나는 빨리 놀이 기구에서 내릴 생각으로 아무 숫자나 말했지.

오답을 말할 때마다 어김없이 땡 소리가 나며 롤러코스터가 더 빠르게 돌았어. 웩!

으아아아!
한 달!
쿠쿠쿠쿠
땡! 틀릴수록
속도가 빨라집니다.
콰아아
질문에서 며칠이라고
했으니까…….
10일!
땡!

‘뭐지? 그럼 9일인가? 아님 8일? 7일? 6일?’

남은 기회가 한 번 뿐이라서 머리를 쉴 새 없이 굴리고 있는 바로 그때 뜬금없이 비둘기 소리를 흉내 낸 레프리콘의 목소리가 들렸어.

“구구구구 구구구구!”

순간, 웃음이 터져 나왔어. 레프리콘이 내게 힌트를 주는 것 같았거든. 나는 당당하게 소리쳤지. “9일!”

그러자 ‘딩동댕!’ 소리와 함께 롤러코스터가 멈춰 섰어. 내가 롤러코스터 열차에서 내리자, 진행 요원이 레프리콘에게 항의를 했어.

“지부장님! 저희가 퀴즈 진행하는데 말을 거시면 안 됩니다.”

“알았네, 알았어!”

레프리콘이 대답하자, 진행 요원이 우리에게 말했어.

“이번에는 주관식 문제입니다. 둘이 같이 풀도록 하세요.”

진행 요원이 우리를 자이드롭 아래로 데려갔어. 나는 사고랑 같이 있어서 안심이 되었어. 사고는 도서관에 온종일 살면서 책만 읽는 책벌레라 모르는 게 없거든. 요괴 나라의 자이드롭이라 낮을 거라 생각했는데 웬걸, 우리나라에서 내가 타 본 자이드롭보다 훨씬 더 높아보였어.

“오빠, 이건 너무 높은 거 아냐? 나 고소 공포증 있는데!”

사고가 자이드롭을 올라타며 울상을 지었어. 자이드롭이 위로 올라갈수록 땅 아래 사물들이 콩알만 해졌어. 사고의 얼굴은 점점 새하얘졌지.

그때 첫 번째 문제가 스피커를 통해 흘러나왔어.

"첫 번째 문제. 영국을 해상 강국으로 만든 여왕의 이름은?"

"사고야! 너는 알고 있지? 어서 말해!"

그런데 그때 서서히 자이드롭이 속도를 높여 빠르게 올라가면서 사고가 비명을 지르기 시작했어.

"으아아악!"

"사고야, 정답을 말해! 어서! 점점 속도가 빨라지잖아!"

"우, 우, 웩! 사, 살려 주세요."

영국의 종교 분쟁

제인 그레이는 9일 동안 영국을 통치한 여왕이에요. 그녀는 에드워드 6세의 친척으로 원래 여왕이 될 자격이 없었지만, 에드워드 6세의 신하들이 여왕으로 세웠어요. 당시 영국은 가톨릭을 믿는 사람들과 신교를 믿는 사람들 사이에 분쟁이 끊이지 않았어요. 에드워드 6세가 후계자 없이 죽자, 신하들은 가톨릭 신자이자 에드워드 6세의 누나인 메리 공주가 여왕이 되면 신교를 믿는 자신들이 모두 쫓겨날 거라고 생각했어요. 그래서 신교를 믿는 제인 그레이를 여왕으로 세웠는데 메리 공주가 군사를 이끌고 제인 그레이를 공격했어요. 제인 그레이는 죽임을 당했고, 전투에서 이긴 메리 공주는 영국의 새로운 여왕이 되었어요.

사고가 눈을 질끈 감은 채, 나한테 빨리 말하라고 손짓했어. 난 뭐라도 기억해내려 애를 썼지만 도통 떠오르지 않았지. 앗, 그런데 이건 또 뭐람? 타이머가 돌아가고 있었어. “60, 59, 58, 57…….”

“앤 여왕!”

"딩동댕! 여러분은 공포의 퀴즈 미션에 통과하셨습니다."

우리는 어렵게, 어렵게 두 개 문제의 정답을 맞히고 공포의 자이드롭에서 내려올 수 있었어.

"축하한다! 공포의 퀴즈 미션을 통과했구나! 너희들 소원을 들어 줄게. 멀린을 깨울 마법 약을 주마."

레프리콘이 이렇게 말하며 서둘러 어딘가로 갔어.

잠시 뒤, 다시 돌아온 레프리콘이 신비한 마법 가루가 들어 있는 주머니를 우리에게 주었어.

"어둠의 탑 맨 꼭대기로 올라가서 멀린의 혼이 들어 있는 관을 열고 이 가루를 뿌리면 멀린이 환생할 거야. 두 번 쓸 양을 넣었으니 요긴하게 사용하렴."

엘리자베스 1세

에스파냐의 무적함대 격파, 동인도 회사 설립 등으로 영국 절대주의의 전성기를 맞이하게 했어요. 또한 영국 국교회를 확립하고 화폐 제도를 통일하였으며 중상주의 정책을 펼치고, 동인도 회사를 설립했답니다.

"어둠의 탑은 어디에 있는데요?"

"이 세상의 끝에 있단다."

"거기를 우리가 어떻게 찾아가라는 건가요?"

"그건 걱정하지 마! 이 신발만 신으면 알아서 갈 거야. 신발이 멈추는 곳이 마법의 땅이란다."

레프리콘 할아버지가 이렇게 말하며 하룻밤에 만 리를 가는 마법 신발 두 켤레를 주었어. 나와 사고의 발에 꼭 맞는 신발이었지.

우리는 브라우니와도 작별을 해야 했어. 브라우니가 순간 이동할 수 있는 공간의 한계를 넘었기 때문이야.

"얘들아, 나는 여기서 너희들과 헤어져야 해. 미션을 완수하고 집으로 잘 돌아가길 바랄게."

우리는 아쉬움을 뒤로 한 뒤, 마법의 땅으로 향했어.

영국 한눈에 알아보기

영국에는 세계 3대 박물관으로 꼽히는 대영 박물관과 함께 웨스트민스터 궁전과 웨스트민스터 대성당, 세인트 마거릿 교회와 버킹엄 궁전 같은 유서 깊은 문화 유산이 많이 있어요.

웨스트민스터 사원

웨스트민스터 사원은 영국 런던의 웨스트민스터에 있는 고딕 양식의 거대한 성당으로, 이곳에는 역대 영국 왕과 처칠, 셰익스피어, 워즈워스, 헨델, 뉴턴 등 역사적 인물들이 잠들어 있어요. 11세기에 지어진 이 궁전은 예로부터 영국 왕의 대관식 등 왕실 행사가 치러진 곳이었는데, 지금은 사원의 절반이 국가의 교회로 사용되고, 나머지 절반은 박물관으로 쓰이고 있어요. 웨스트민스터 사원 근처에는 에드워드 시대부터 헨리 8세의 왕궁이었다가 지금은 국회 의사당으로 사용되는 웨스트민스터 궁전이 있고, 궁전의 북쪽에는 런던에서 가장 사랑받는 명물 시계탑인 빅 벤이 있어요.

런던탑

런던탑은 영국의 수도 런던에 있는 왕의 궁전이에요. 런던탑은 화이트 타워를 중심으로 크고 작은 10개의 탑으로 이루어져 있는데, 원래 이곳은 왕들이 살던 곳이었지만 13세기 이후에 왕족이나 신분이 높은 사람들은 가두는 감옥으로 이용되었어요.
물론 모든 탑이 감옥으로 사용된 것은 아니고 종탑 등 몇몇 탑들만 감옥으로 사용되고, 나머지는 17세기까지도 왕궁으로 사용되었답니다.

윈저성

'윈저성'은 영국에서 가장 오래된 성으로 처음에는 요새로 사용하기 위해 지어졌어요. '윈저성'은 템스 강의 절벽 위에 위치하고 있어서 적들이 쉽게 넘보지 못했고, 주변에 숲이 많아 사냥을 하기에도 좋았다고 해요. 헨리 1세와 헨리 2세를 거치면서 '윈저 성'은 왕궁으로 쓰이게 되었는데, 지금까지도 영국 왕실에서 사용을 하고 있어요. 이곳에는 영국 국왕들이 묻혀 있는 무덤들도 있어요. 60여 년 동안 영국을 통치했던 빅토리아 여왕도 이곳에 묻혀 있지요.

런던아이

1999년 영국 항공이 새로운 천 년을 기념하여 건축했어요. 커다란 자전거 바퀴 모양을 하고 있으며 세상에서 가장 큰 관람차랍니다.

6
London Bus
LDN 123

어둠의 탑과 악령 동굴 미스터리

어둠의 탑

한나절을 꼬박 걸은 끝에 마침내 요술 신발이 멈췄어.

"여기가 세상의 끝이구나!"

나는 주변을 둘러보았지. 마법의 땅은 온통 눈과 얼음으로 뒤덮여 있었어. 바람이 불 때마다 눈보라가 흩날리고 이가 덜덜 부딪칠 정도로 추웠어. 우리는 브라우니가 챙겨 준 담요를 뒤집어쓰고, 운동화로 갈아 신었어.

한참 동안 얼음 땅을 기어가듯이 걸어가다 보니 멀린의 영혼이 갇혀 있다는 어둠의 탑이 모습을 드러냈어. 바위산 위에 위태롭게 서 있는 탑의 모습이 어쩐지 으스스해 보였지.

"저 탑 꼭대기에 멀린이 갇혀 있다는 거야?"

우리는 탑을 올려다보았어. 탑 높이가 족히 10미터는 되어 보였어.

"응! 그런데 저기까지 어떻게 올라가지?"

나와 사고는 탑 꼭대기 위로 올라갈 만한 곳을 찾아보았어. 탑 한쪽

귀퉁이에 돌을 깎아 만든 계단이 보였어. 계단은 좁고 가파른 데다가 군데군데 얼어 있어서 엄청 미끄러워 보였어.

"사고야! 여기 계단이 있어!"

내 말에 사고가 뛰어왔어.

"헐! 미쳤다! 그냥 올라가기에는 너무 미끄러울 거 같은데 어떻게 하지? 아, 맞다!"

사고가 가방 속에서 노란 고무줄 몇 개를 꺼내 내게 주었어.

"신발에 고무줄을 감아! 이게 마찰력을 높여 줘서 미끄러지는 것을 막을 수 있거든."

"쳇! 난 또 뭐라고! 그깟 고무줄 필요 없거든. 나 먼저 올라갈 테니 넌 천천히 따라와."

나는 한 발 한 발 조심스럽게 바위 계단을 올라갔어. 그런데 너무 서둘렀던 것일까? 몇 걸음 올라가지 못해 그만 미끄러지고 말았어.

"으아악!"

바위에 부딪쳐 다칠 거라 생각한 나는 비명부터 질렀지. 그런데 미끄러지다말고 내 발이 어딘가에 걸린 듯 멈추었어. 조심스럽게 아래를 내려다봤더니 사고가 나를 받쳐주고 있었어.

"조심해! 내가 받쳐주지 않았으면 오빠 엉덩방아 찧었거든!"

사고가 이렇게 말하며 나를 제치고는 쌩 앞으로 올라가 버렸어. 자세히 보니 사고의 신발 위에 노란 고무줄이 칭칭 감아져 있었어. 그 모습을 보니 고무줄이 효과가 있나 싶더라고.

“사고야! 남은 고무줄 있으면 나도 몇 개 줘 봐!”

“언제는 필요 없다며?”

사고가 토라진 목소리로 툴툴거리더니 고무줄을 뒤로 휙 던졌어.

나는 고무줄을 운동화 위에 감은 뒤, 난간을 잡고 조심스럽게 올라갔지. 말이 올라가는 것이었지 사실은 양손으로 계단 모서리를 붙잡고 기어오르고 있었어.

이윽고 우리는 탑 꼭대기에 무사히 도착했어. 그러고는 작은 창을 통해 안으로 들어갔어. 방 안에는 푸르스름한 안개가 깔려 있었지. 그 때문인지는 몰라도 방 안에는 으스스하면서도 신비로운 분위기가 감돌더라고.

방 안을 찬찬히 살펴보니 튀어나온 벽 위에 흰 수염과 머리를 길게 늘어 뜨린 한 할아버지의 초상화가 보였어. 나는 단번에 초상화의 주인이 멀린인 것을 눈치 챘지. 초상화 아래에는 나무로 짠 기다란 아담한 관이 놓여 있었어. 그리고 그 관의 양쪽에는 중세 시대의 기사 두 명이 박제된 듯이 서 있었지. 기분 탓일까? 괜히 오싹해졌어.

난 조심스럽게 관 옆으로 다가가서 관 뚜껑을 열었어.

다시 살아난 대마법사 멀린

"어? 관 안에 아무것도 없는데!"

"없는 게 아니라 우리 눈에 보이지 않는 거야. 여기에 멀린의 영혼이 들어 있다고 했잖아."

사고가 대꾸하며 관 안에 요정의 가루를 살살 뿌렸어. 그러자 요정의 가루들이 사람의 형상을 만들더니 순식간에 초상화와 똑같이 생긴 남자의 모습으로 변했어. 하얗고 기다란 수염이 가슴까지 내려오고 눈에서는 광채가 나는 듯했어. 어, 그러고 보니 소설 《해리 포터》에 나오는 멀린 마법사와 비슷해 보이더라고. 멀린이 진짜로 환생한 거야!

"할아버지가 대마법사 멀린인가요?"

"아하! 네가 뭉치고, 네가 사고구나?"

멀린의 말에 나와 사고는 깜짝 놀랐어. 나는 혹시나 내가 이름표라도 차고 있나 해서 봤는데, 내 이름을 알 만한 어떤 표시도 없었어.

"어떻게 우리를 알고 계신 거예요?"

"방금 레프리콘의 텔레파시를 받았단다."

"네? 그럼 우리가 왜 왔는지도 알겠네요?"

사고의 말에 멀린이 껄껄 웃었어.

"그렇단다. 오랫동안 갇혀 있던 나를 너희들이 구했구나. 고맙다. 자, 일단 흑마법사가 어디 있는지부터 보자꾸나."

멀린이 이렇게 말하며 알아듣지도 못할 주문을 외우기 시작했어.

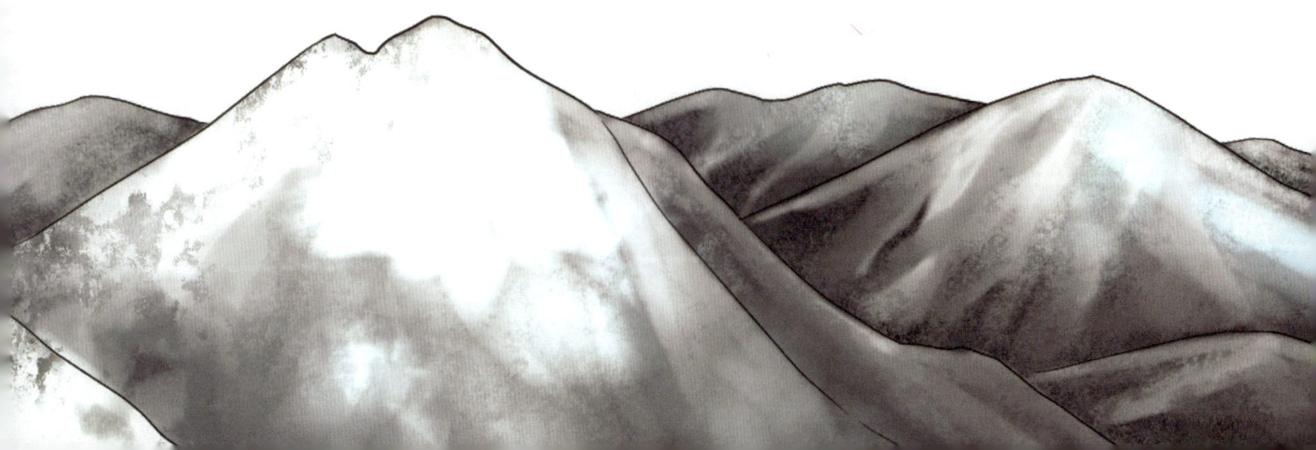

"얼비주얼비주 츠왓츠왓!"

그러자 공중에 영상 하나가 떴어. 영상 속에 흑마법사가 보였는데, 돌로 만든 제단 앞에서 손을 모은 채 기도를 올리고 있었어.

"저긴 웨일스 브레콘 비콘스 국립공원 근처의 지하에 있는 스네이크 동굴이야! 흑마법사가 악령들을 깨울 의식을 하고 있구나. 서둘러야겠다! 휘익, 휘이이!"

멀린이 휘파람을 불자 엄청나게 큰 독수리 한 마리가 나타났어.

"자, 독수리 등 위에 타렴."

"저희 둘이 독수리를 타면 할아버지는요?"

"나는 요정의 가루 덕에 오늘 하루는 하늘을 날 수 있단다."

우리는 독수리 등 뒤에 올라탔지.

멀린이 외쳤어.

"출발! 웨일스로!"

독수리는 얼음 산과 얼음 계곡을 안전하게 날아갔어.

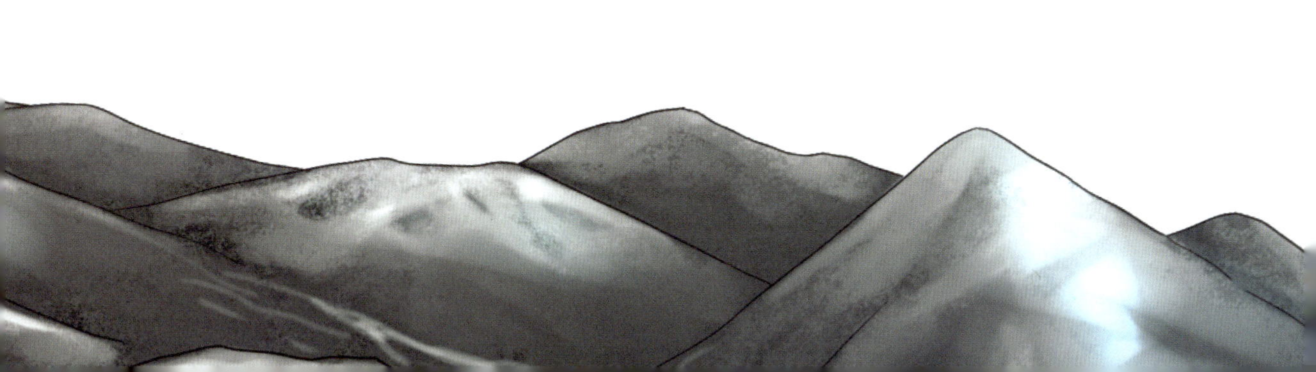

함정에 빠진 아이들

잠시 뒤, 우리는 웨일스의 국립 공원 근처에 있는 지하 동굴 입구에 도착했어.

"쉿! 너희는 내가 올 때까지 수풀 속에 숨어 있어라."

멀린이 이렇게 말하며 동굴 안으로 사라졌어. 시간이 한참 흘러도 멀린이 나타나지 않자, 나는 좀이 쑤시기 시작했지.

"뭐가 어떻게 되어 가는 걸까?"

"기다려 봐!"

사고가 주위를 둘러보며 조심스럽게 대꾸를 했지. 나는 할 수 없이 제자리에 앉아 멀린을 기다리기로 했어. 그런데 몇 분이나 지났을까? 누군가 내 목덜미를 잡더니 공중으로 들어 올렸어. 사고도 함께.

"으흐흐흐!"

위를 올려다보니 괴물 미라가 음흉한 웃음소리를 내며 나와 사고의 입을 틀어막았어. 비명을 지를 틈도 없었어. 괴물 미라는 우리를 동굴

속으로 끌고 갔어. 얼마 뒤 윙윙 바람 소리 같은 것이 들리는가 싶더니 주변이 점점 환해졌어. 자세히 보니 흑마법사가 제단 주변에 뭔가를 뿌리고 있었어. 앗, 그런데 자세히 보니 제단 위에 사람이 누워 있는 거 같더라고.

그때 미라가 우리를 한쪽 구석에 내려놓았어. 장작더미 위였는지 엉덩이가 살짝 아파 왔어.

"아야!"

내가 소리를 내자, 미라가 손가락을 입에 대고 "쉿!" 소리를 내며 우리에게 조용히 앉아 있으라는 손짓을 했어. 미라는 조금 이상했어. 우리를 헤치려는 거 같지 않고, 다른 사람들 눈에 띄지 않게 우리를 숨겨 놓은 느낌이 들더라고.

아무튼 미라가 사라진 뒤, 나는 엉덩이를 만지며 제단 위에 누워 있는 사람이 누구인지 살폈어. 그런데 익숙한 신발이 눈에 띄지 뭐야? 분명 어디서 본 신발인데…….

내가 기억을 떠올리려 애쓰고 있던 바로 그때, 사고가 내 팔을 잡았어. 어두워서 자세히 보이지 않았지만, 내 팔을 잡은 사고의 손이 공포에 질린 듯 아주 많이 떨리고 있었어.

"왜 그래?"

"누워 있는 아이가 서, 설마 무진이는 아니겠지?"

나는 단번에 무진이가 제단 위 운동화의 주인과 똑같은 운동화를 신고 있었다는 사실을 기억해 냈어. 나는 정신이 얼떨떨한 채 멀린을 찾기 위해 사방을 둘러보았어. 그런데 우리보다 한참 전에 동굴 안으로 들어갔던 멀린은 어디로 간 것일까? 아니 그것보다 제단 위에 제물로 오른 사람이 정말 내 친구 무진이인지 확인해야 했어.

"아, 맞아! 무진이 신발인지 아닌지 확인할 방법이 있어."

"뭔데?"

"다문화 축젯날 아침에 무진이가 핫도그 먹다가 운동화에 케첩을 흘렸거든. 엄마한테 혼난다고 닦긴 했는데 천이라 잘 안 닦이더라고."

"그러니까 운동화에 케첩 흔적이 있는지 없는지 확인하면 된다는 말이지? 방법이 있을 거야. 잠시 생각해 보자."

사고가 고개를 끄덕이고는 잠시 생각에 빠져 있는 것 같았어. 하지만 나는 그 시간이 너무 답답했어. 직접 가서 확인해 보면 되잖아. 나는 살금살금 제단으로 기어갔어. 다행히 동굴 속이 너무 어두워서 흑 마법사는 내가 다가가고 있는 것조차 눈치 채지 못했지. 그때 마침 흑 마법사가 잠시 자리를 비웠어. 나는 재빨리 제단 위에 누워 있는 사람의 운동화를 살펴보았어.

"헉!"

나는 너무 놀라 주저앉고 말았지.

왼쪽 운동화에 케첩이 묻어 있는 걸로 봐서 분명 무진이 신발이었어. 게다가 얼핏 보니 누워 있는 아이가 무진이랑 너무 닮은 것 같았어.

'이걸 어쩌지?'

나는 무진이를 구하는 데 아직 늦지 않았기를 바랄 뿐, 아무 생각도 들지 않았어.

"오빠! 이건 인형이야!"

언제 왔는지 사고가 말했어.

"무진이가 이 껌껌한 데서 눈을 뜨고 있을 리가 없지."

사고의 말에 나는 벌떡 일어나 제단 위에 누워 있는 사람을 봤어. 무진이와 똑 닮은 모습인데 눈을 뜬 채 이리저리 눈알을 굴리고 있었어. 순간, 웃음이 나왔지. 진짜 무진이라면 이 어둠 속에서 저렇게 아무렇지 않게 눈을 뜨고 있지 못해. 무진이는 겁이 너무 많아서 밤에도 불을 환하게 켜 놓아야 잠을 자는 아이거든.

"그런데 무진이 신발이 맞기는 한데……. 무진이는 어디에 있는 걸까?"

"오빠, 그보다 뭔가 이상하지 않아? 우리를 이곳에 데려오고, 무진이를 제물로 사용하려는 것처럼 보이게 해서 우리를 제단까지 직접 오게 만든 거 같아. 게다가 딱 맞춰 흑마법사는 자리를 비웠고. 뭔가 냄새가 나."

그 순간, 뒤에서 깔깔대는 소리가 들려왔어.

"그걸 눈치 채다니! 방귀 냄새만 독한 줄 알았더니 제법 똑똑한걸!"

고개를 돌려 보니 우리 뒤에 그렘린이 서 있었어.

"너, 너는!"

"반갑다! 딱 일 년만이지? 내가 요괴를 볼 수 있는 특별한 아이를 찾아 전 세계 안 타 본 비행기가 없었는데! 네 덕분에 비행기를 탈 필요가 없어져서 좀 심심했지 뭐야."

그렘린이 호들갑스럽게 말했어.

"그렘린, 수다는 그만 떨고 어서 제를 올릴 준비를 해!"

그때 흑마법사의 조수인 부엉이가 끼어들어 말했어.

"제가 뭐랬어요? 쟤들은 제발로 다시 돌아올 거라고 했죠? 브라우니와 함께 아일랜드를 찾는 순간 감 잡았다니까요."

그렘린이 우리를 보며 비웃는 표정을 지어 보였어.

"그렘린, 네가 그걸 어떻게 알았지?"

"아마 너만 몰랐을걸! 시간의 터널 지날 때 우리 모두 봤다고!"

"그럴 리가 없어! 난 요정의 가루 덕분에……."

"쳇! 날개에 금이 갔었잖아! 우리 모두 똑똑히 봤어. 시간의 터널 속에서 너를!"

그렘린이 쉴 새 없이 떠들어댔어.

흑마법사와 부하 요괴들은 우리가 부엉이가 바꿔치기한 마술 버블을 타고 아일랜드를 거쳐 이 동굴까지 온 걸로 알고 있더라고. 그리고 우리를 제단으로 유인하기 위해 무진이의 운동화를 이용했던 것이었어. 다행인 것은 흑마법사 일당이 아직 멀린이 환생한 것을 모른다는 사실이었지.

사고와 뭉치가 시간의 터널을 지나기 전

미로를 통과하면
집으로 돌아가는 마술 버블이
만들어지잖아.
설사를 하게 합시다.
화장실 들락거리다
버블에 못 타게
하는 거죠.
차라리
동굴로 오는 버블로
바꿔치기 하자.

영국 한눈에 알아보기

그리니치 해변

영국 런던 외곽의 템스강이 흐르는 그리니치의 해변 지역에는 17세기의 퀸스 하우스, 호화로운 바로크 양식으로 지은 선원들을 위한 왕립 병원 건축물, 1660년대에 앙드레 르노트르가 설계한 왕립 공원, 세계 시간의 기준이 되는 왕립 천문대가 왕립 공원에 둘러싸여 있고, 해양 관련 유물이 전시되어 있는 왕립 해군사관학교가 있어요.

왕립 천문대

왕립 천문대는 1675년 찰스 2세가 설립한 천문대예요. 세워질 당시의 이름은 왕립 그리니치 천문대였는데 뒷날 왕립 천문대로 바뀌었지요. 영국의 천문학자들은 먼 옛날부터 그리니치 천문대를 세계 기준 시간으로 삼아 왔어요. 네 개의 자오선이 그리니치 천문대를 기준으로 하고 있는데, 경도의 기준이 되는 본초 자오선은 1851년에 정해진 뒤 1884년에 국제회의를 통과했지요.

세인트 킬다 군도

세인트 킬다 군도는 영국 스코틀랜드의 북쪽에서 있는 네 개의 바위섬으로 히르타 섬, 보어레이 섬, 소이 섬, 던 섬으로 이루어져 있어요. 현재 세인트 킬다 군도에는 오직 이 섬에만 사는 약 130종에 이르는 식물과, 야생 면양 1,400여 마리, 약 100만 마리가 넘는 새들이 살고 있어요. 세계에서 가장 오래된 화산 흔적이 남아 있는 곳이라는 사실이 밝혀져 유네스코 세계 자연 유산으로 선정되었어요.

리치먼드 공원

런던에 있는 공원으로, 영국에서 가장 넓은 공원이에요. 13세기 에드워드 왕이 만들었고, 헨리 7세가 리치먼드 공원으로 이름을 바꾸었어요. 수백 마리의 사슴을 비롯하여 다람쥐, 토끼 등 다양한 야생 동물이 살고 있어요.

7장

흑마법사와 멀린의 마지막 결투

치열한 결투

잠시 뒤 흑마법사가 부하 괴물들과 함께 돌아왔어.

"자, 이제 우리 일을 시작하자! 여자아이는 우리에 가둬라!"

흑마법사의 말이 끝나자마자, 트롤이 사고를 들어 올리더니 제단 뒤의 우리 속에 가뒀어. 그러고는 흑마법사가 내 앞에 악령이 들어 있는 병 대여섯 개를 가져다 놓았지.

"자, 어떻게 해야 하는지 말 안 해도 알겠지? 꾸물대면 네 동생이 뱀한테 물릴지도 몰라."

흑마법사의 말이 끝나기 무섭게 어디선가 '쉭쉭' 하는 소리가 들리지 뭐야? 커다란 뱀 두 마리가 사고가 들어 있는 우리를 향해 기어가고 있었어. 사고의 눈은 이미 공포에 질려 있었어. 나 역시 다른 것을 생각할 겨를이 없었지. 나는 다급하게 병 하나를 집어 들었어.

바로 그 순간, 사고가 소리쳤어.

"오빠, 안 돼! 멈춰!"

나는 사고가 제정신이 아니라고 생각했어. 날카로운 이빨을 드러낸 채 다가오는 뱀을 보고도 병의 봉인을 풀지 말라고 하는 게 있을 수 있는 일이냐고?

그런데 그때 막대기 같은 것이 툭 떨어지는 소리가 들렸어. 얼른 보니, 조금 전에 사고를 향해 다가가던 뱀이 순식간에 막대기로 변해 바닥으로 떨어진 거였어. 그와 동시에 아까 우리를 동굴로 데려온 괴물 미라가 나타났어. 미라는 곧바로 붕대를 풀더니 정체를 드러냈어. 그

미라는 흑마법사의 부하가 아니라 바로 멀린이었어!

"넌, 멀린! 어떻게 살아났지?"

흑마법사가 놀란 듯 소리쳤어.

"오랜만이군, 흑마법사! 또다시 세상을 망가트릴 악령들을 불러내고 말았구나. 그러니 내가 가만히 잠들어 있을 수가 있나!"

"대단하군. 하지만 이번에는 나를 막을 수 없을 거야. 트롤, 멀린을 잡아라!"

흑마법사의 말이 끝나기가 무섭게 트롤이 쇠사슬이 주렁주렁 달린 곤봉을 휘두르며 멀린에게 달려들었어. 순간 멀린이 허공 위로 날아오르더니 마법의 지팡이로 트롤의 팔다리를 내리쳤어. 트롤의 우툴두툴한 팔다리에서 초록색 피가 솟구치고 트롤은 "억!" 소리를 내며 바닥에 엎어졌어. 이게 뭐야, 영화나 게임에서나 보던 장면이 내 눈앞에서 벌어지고 있는 거야.

"와, 끝장나게 멋있다! 트롤부터 제거되는군. 크크."

나도 환호성을 질렀지.

그런데 말야, 잠시 뒤에 트롤이 알 수 없는 괴성을 지르며 다시 일어나는 거야. 게다가 바닥에 떨어진 트롤의 피에서 또 다른 트롤들이 생성돼서 좀비처럼 떼거지로 멀린에게 달려들었어. 아뿔사! 트롤은 웬만한 상처는 금방 회복하며 또 다른 트롤을 복제까지 할 수 있는 괴물

끝판 왕이었던 거야.

"크크, 멀린. 오랫동안 잠들어 있다 보니 감을 잃은 것 같네."

흑마법사가 입꼬리를 실룩거리며 멀린을 비웃었어. 멀린의 얼굴에 잠시 당황한 기색이 보였어. 뭐야, 이렇게 끝인 거야?

"오라티오 루스루스!"

멀린은 이내 지팡이를 들고 동굴 천정을 향해 주문을 외웠어. 동굴 천장의 일부가 뚫리면서 강렬한 태양 빛이 트롤들을 비추었어. 그러자마자 트롤들이 하나씩 풀썩풀썩 쓰러졌어. 트롤들은 어마어마하게 센 힘을 갖고 있지만 강렬한 빛에 약한 '어둠의 요괴'였던 거야.

"이런, 멀린이 아주 녹이 슬지는 않았네. 누켈라비, 네가 나서라!"

"네, 주인님! 제가 멀린을 농작물처럼 말라죽게 만들죠."

붉은 화염처럼 불타는 누켈라비의 커다란 눈에서 검은 피가 흘러나오기 시작했어. 그리고 창백한 피부 아래 보이는 붉은 혈관에서도 검붉은 피가 멀린을 향해 튀어나오는 거야! 내가 본 요괴 책에서는 바다에 살던 누켈라비가 육지로 올라와서 숨결만 불어 넣어도 농작물이 죽고 전염병이 돌았다고 했거든. 근데 누켈라비의 피가 묻는다면 정말 눈 깜짝할 사이에 멀린이 말라죽는 거 아닐까? 나는 벌벌 떨면서 멀린을 바라보았지. 순식간에 누켈라비의 피가 묻은 멀린의 다리 한쪽이 허수아비 다리처럼 말라비틀어지는 듯이 보였어. 동시에 검붉은 피가 동굴 바닥을

적시기 시작했지. 멀린은 잠시 휘청거렸어. 하지만 이내 "미라쿨룸 아쿠아시오!" 하고 주문을 외치더니 지팡이로 동굴 바닥을 내리쳤어. 그러자 누켈라비가 서 있는 쪽의 동굴 바닥이 쩍쩍 갈라지더니, 동굴 밑으로 흐르던 물이 솟구쳐 올랐어.

갑자기 물벼락을 맞은 누켈라비는 거기에서 꼼짝도 못 하더라고.

"멀린, 이게 무슨 일이죠?"

"누켈라비 저 녀석은 적수가 없을 정도로 강하지. 하지만 단 한 가지 약점이 있는데, 그게 바로 민물을 건너지 못하는 거야. 민물이 닿으면 힘이 약해지거든, 껄껄."

"할 수 없이 내가 직접 나서야겠군!"

이번에는 흑마법사가 큰소리를 치며 나섰어.

"좋아! 그럼 시작해 볼까?"

멀린이 먼저 공격을 했어. 주문을 외우며 손동작을 하자 어디선가 칼들이 나타나 흑마법사를 향해 달려들었지. 그러자 흑마법사가 재빨리 망토로 방어를 했어. 그러고는 마술 지팡이를 꺼내 휘둘렀지. 지팡이 끝에서 뱀들이 쉴 새 없이 생겨나 멀린을 공격했어. 하지만 멀린의 마법 지팡이 앞에서 뱀들은 나뭇가지마냥 떨어져 나갔지.

"잠깐! 자네가 보고 싶어 하는 여인을 불러 주겠네! 라쿠스 마가!"

흑마법사가 주머니에서 마법 상자를 꺼내서 열었어. 그러자 싱그러운 풀 내음과 함께 아름다운 여인이 나타났지.

"아니, 당신은 비비안!"

멀린이 소리쳤어. 그 여인이 멀린에게 가까이 다가가며 말했어.

"멀린! 여기서 멈추고 나와 호수로 돌아가요!"

"안 돼요! 난 여기에서 할 일이 있소!"

"이제부터 다른 사람은 신경 쓰지 말고 우리 일만 생각해요!"

비비안이 애원했어. 곧 멀린의 눈이 촉촉하게 젖어 들었어. 도대체 비비안이 누군데 멀린이 저러는 거지? 나는 사고에게 가만히 물었지.

"비비안이 누구야?"

"호수의 여신이야! 멀린이 사랑했던 여인인데, 그의 꾐에 빠져 결국엔 어둠의 탑에 갇혀 버렸지."

나는 멀린이 좀 불쌍하게 느껴졌어. 사랑하는 여인에게 배신당해 갇혔는데, 이제 와서는 또 흑마법사 막는 일을 멈추어 달라고 하는 거잖아? 그런데 말야, 뭔가 좀 이상했어. 비비안이 멀린에게 다가가며 걸어갈 때 쇠사슬이 철컹거리는 소리가 자꾸 나더라고. 이건 바게스트가 다른 모습으로 변해서 걸어다닐 때 나는 소리거든. 거기까지 생각이 들자, 나는 지금 눈앞에 있는 비비안이 가짜라는 생각이 들었어. 그래서 소리쳤지.

"멀린! 비비안은 가짜예요! 진짜라면 아서왕이 준 엑스캘리버를 가져오라고 해 보세요!"

내 말에 멀린이 정신이 들었는지 눈을 반짝였어.

"비비안, 엑스캘리버는 어디에 있지?"

멀린이 마법 지팡이를 내밀자 비비안이 허둥지둥하더니 번쩍 하고 사라져 버렸어. 바게스트는 변신한 모습이 들키면 도망치거든.

"이런 야비한 방법을 쓰다니!"

화가 난 멀린이 흑마법사를 공격하기 시작했어. 그러자 흑마법사가 빙글빙글 돌더니 거대한 뱀으로 변신을 했어. 거대한 뱀이 된 흑마법사가 멀린을 향해 입을 벌리고 다가왔어.

“아직 잘 모르는 모양인데 넌 더는 가장 위대한 마법사가 아니야! 가장 위대한 마법사는 바로 나야, 나!”

말을 마친 흑마법사가 멀린에게 달려들었어.

멀린이 뱀을 향해 마법 지팡이를 휘둘렀지. 하지만 뱀이 꼬리로 지팡이를 쳐 버렸어. 마법 지팡이는 저 멀리 바닥으로 내팽개쳐졌어.

마법 지팡이가 없는 멀린에게 뱀이 다가갔지.

“넌 이제 끝이야! 끝!”

뱀이 멀린을 삼키려던 바로 그 순간, 독수리가 날아와 뱀의 한쪽 눈을 마구 쪼았어.

“으아아악!”

뱀이 된 흑마법사는 고통으로 비명을 질러 댔어. 그 사이 멀린이 재빨리 마법 지팡이를 잡아 손에 쥐었지. 그러고는 마법 지팡이를 뱀의 정수리에 내리치자, 흑마법사는 얼굴은 사람이고, 몸은 지렁이인 요괴로 변해 버렸어. 모두 순식간에 벌어진 일이었어.

다시 집으로

"잘했다, 잘했어."

멀린이 독수리의 머리를 쓰다듬는 사이, 사고가 소리쳤어.

"오빠, 저기 부엉이가 달아나고 있어!"

잠깐 부엉이를 깜박하고 있었는데, 흑마법사가 멀린에게 당하자 부엉이가 몰래 달아나려고 한 거야.

"거기 서라!"

나도 부엉이를 쫓아갔지.

곧 막다른 곳에 다다른 부엉이가 우리를 똑바로 쳐다보았어.

"나는 아무 짓도 안 했어!"

"떳떳하면 왜 도망을 가니?"

"그야, 너희들이 나를 다시 병 속에 가둘 것 같아 그러는 거지."

"잘 알고 있네."

사고가 받아치자 부엉이가 약을 올리듯 눈을 깜박이며 코웃음을

쳤어.

"너희들이 나를 잡을 수 있겠어? 잡을 테면 잡아 봐!"

부엉이는 마치 약 올리듯 우리 머리 위를 이리저리 왔다 갔다 했지. 나와 사고는 펄쩍 위로 뛰며 손을 마구 휘저었지만, 날아다니는 새를 우리가 어떻게 잡을 수 있겠어? 그렇게 한참을 부엉이를 쫓아 뛰다 보니 숨이 차기 시작 했어. 사고도 헉헉거리며 가쁜 숨을 몰아쉬더니 내 팔을 잡아끌었어.

"오빠, 부엉이를 잡을 방법이 생각났어."

"뭔데?"

"그게 뭐냐면, 바로 우리에게 남은 요정의 가루!"

사고가 내 귀에 소곤거리며 마법 주머니를 탈탈 털어 요정의 가루를 나한테 뿌렸어. 그 순간, 내 몸이 요정처럼 작아지며 가벼워지더니 공중으로 붕 뜨기 시작했어.

"야, 너 무슨 짓을 한 거야?"

"이제 날 수 있으니 오빠가 부엉이를 잡아."

"어떻게 잡아? 잠자리채라도 있으면 모를까?"

"이 주머니라도 써 봐!"

사고가 이렇게 말하며 마법 주머니를 내 손에 쥐어 주었어. 나는 그대로 부엉이에게 날아갔어. 마침 천장 위 난간에 앉아 쉬고 있던 부엉이가 내 모습을 보고 부리나케 달아나기 시작했어. 좁은 동굴을 이리저리 날아다니다 아까 멀린이 뚫어 놓은 동굴 천장을 향해 날더라고. 나는 망설일 틈도 없이 부엉이를 향해 마법 주머니를 열었어. 그러자 마법 주머니 속에서 알록달록한 빛이 회오리처럼 나오더니 부엉이를 순식간에 감쌌어. 부엉이는 그대로 마법 주머니 속으로 빨려 들어가고 말았지.

"얘들아, 잘못했어. 꺼내 줘! 여긴 너무 답답해!"

부엉이가 주머니 안에서 발버둥을 쳤지. 금방이라도 주머니의 입구를 뚫고 나올 것만 같았어. 그러자 사고가 머리끈으로 마법 주머니의 입구를 칭칭 돌려 묶었어.

"어서 멀린에게 이걸 가져다 주자."

나와 사고는 즉시 멀린이 있는 곳으로 갔어. 멀린은 흑마법사와 부하 괴물들을 하나둘 병 속에다 봉인하고 있었어.

"멀린, 자네는 친구를 답답한 병 속에다 가두고 싶나? 난 폐쇄공포증이 있다고!"

흑마법사가 비굴한 표정으로 멀린에게 말했어.

"좋아! 그럼 넓은 곳으로 보내 주지!"

멀린이 이렇게 말하며 주문을 외웠어. 그러자 흑마법사가 유리구슬처럼 투명한 공 안으로 빨려 들어가기 시작했지. 구슬 속에서 흑마법

사가 소리쳤어.

"난 이런 곳 싫어해!"

"곧 좋아하게 될 거야. 자네가 뭘 잘못했는지 반성하며 지내면 더 좋겠지."

멀린이 이렇게 말하며 돌아섰어. 나는 멀린에게 부엉이가 든 마법 주머니를 건넸지.

"부엉이가 여기 들어 있어요."

"너희들도 한건했구나! 자, 이제 너희들도 집으로 돌아갈 시간이다!"

멀린이 마법 주머니를 받아들며 우리에게 말했어.

"멀린 할아버지는 이제 어디로 가시나요?"

"내 할 일이 끝났으니 다시 요정의 세계로 돌아갈 거야. 갇혀 있던 날 꺼내 줘서 고맙다. 좌충우돌 용감한 사고와 뭉치, 너희도 너희의 세상에서 행복하길 바란다!"

나와 사고가 고개를 끄덕이자, 멀린이 주문을 외웠어.

"에스띠 도무스!"

그러자 동굴 벽에 작은 문이 생기고 스르르 열리더니, 저 멀리 우리 집 거실이 보였지.

"어서 가렴!"

멀린의 말에 문득 나는 무진이의 운동화를 챙겨야겠다는 생각이

들었어.

"잠깐만요! 제 친구 운동화는 가져가야 할 거 같아서요."

나는 재빨리 제단 위에서 인형이 신고 있는 운동화를 벗겨 가지고 문을 통과했지. 나와 사고는 달음박질을 해서 동굴을 빠져나왔어. 그러고는 곧장 우리 집 거실을 향해 달려갔어.

에필로그

동굴에서 가져온 운동화의 진짜 주인은 누구?

우리 집 거실에 도착하자마자, 무진이가 전화를 걸어 왔어.

"뭉치야, 너 어디야?"

"어디긴 우리 집이지."

"뭐? 나한테 간다는 말도 없이 혼자 집에 간 거야? 난 네가 안 보여서 지금껏 너를 찾아다녔잖아. 하여간 의리 없기는."

"미안. 어쩌다보니 그렇게 됐어. 지금 만나자. 너한테 보여 줄 게 있어."

"뭔데?"

"비밀, 이따 보면 알게 될 거야. 그런데 너 지금 어디야?"

"너희 집 앞에 다 왔어."

"그럼 집 앞 놀이터에서 보자."

나는 무진이의 운동화를 들고 밖으로 뛰어나갔어. 놀이터에 도착하자 무진이가 보였지. 앗, 그런데 무진이가 똑같은 운동화를 신고 있지 뭐야? 오른쪽 운동화에 희미하게 케첩 자국이 남아 있는 게 보였어. 그럼 내가 동굴에서 가져온 운동화는 도대체 뭐지? 나는 나도 모르게 동굴에서 가져온 운동화를 등 뒤로 숨겼어.

"뭉치야, 나한테 보여 줄 게 뭔데?"

"어, 그게……. 아무것도 아냐!"

"아무것도 아닌데 뭘 숨겨?"

무진이가 내 팔을 잡아 기어이 운동화를 봤어.

"헐! 얘 좀 봐! 나랑 똑같은 운동화에 케첩까지 묻힌 거야? 아무리 나를 좋아해도 이건 좀 아니지 않냐?"

무진이가 어이없다는 듯 고개를 가로저었어.

어쨌든 나는 그날 이후, 동굴에서 가져온 운동화를 신발장 안에 넣어 두었어. 그날부터였을까? 나는 요괴들이 나를 찾아오는 꿈을 자주 꾸게 되었어. 나는 결국 그 운동화를 쓰레기통에 버렸지.

그 뒤로 편하게 잠을 잤냐고? 그랬지, 한동안은. 하지만 더 황당한 사건이 나를 기다리고 있었어. 무슨 일이냐고? 궁금하면 《교과서 속 세계 문화 탐험2 – 그리스》 책을 펼쳐 봐.

영국 한눈에 알아보기

만유인력을 발견한 과학자, 아이작 뉴턴(1642~1727)

뉴턴은 근대 과학의 선구자로 불리고 있는 영국의 물리학자이자 수학자이며 천문학자예요. 케임브리지대학의 트리니티 칼리지에서 수학과 천문학을 공부한 뉴턴은 수학 분야에서 미분·적분이라는 새로운 분야를 개척하였고, 천문 분야에서는 망원경에 반사경을 사용한 반사 망원경 발명하였으며, 역학에 있어서는 〈운동의 법칙〉과 뉴턴의 가장 위대한 업적인 〈만유인력의 법칙〉을 발견하였어요.

생물진화론을 정립한 찰스 다윈(1809~1882)

다윈은 생물진화론을 주장한 생물학자로, 케임브리지대학에서 신학을 공부하면서 식물학 교수인 헨슬로를 알게 되어 동식물과 박물학에 관심을 갖게 되었어요. 1831년 해군 측량선 비글호를 타고 남아메리카와 남태평양의 여러 섬(특히 갈라파고스 제도)과 오스트레일리아 등지를 탐사하고 돌아와 《비글호 항해기》를 발표하였어요. 그 뒤 다윈은 그동안의 생물 자료들을 모아 세계 여러 나라의 생물을 관찰하면서 생물의 진화를 확신하여 〈진화론〉을 발표하고, 1859년 《종의 기원》을 펴냈어요.

전화기를 발명한 알렉산더 그레이엄 벨(1847~1922)

벨은 전화기를 발명한 과학자예요. 1870년 에든버러대학과 런던대학을 졸업한 벨은 아버지를 따라 미국으로 건너갔어요. 벨은 미국에서 음성에 관한 연구와 함께 전기를 통한 소리의 전달에 관해 연구를 했어요. 몇 차례의 연구 끝에 벨은 송신기의 철판이 진동하면 수신기의 철판도 따라서 진동을 한다는 사실을 발견하게 되었는데, 이때 사람의 목소리도 전류에 실어 보낼 수 있지 않을까 하는 생각을 하게 되었다고 해요. 그 뒤 벨은 끈질기게 연구를 한 결과 1875년에 전화기 시험에 성공을 했답니다.

증기 기관차의 아버지 조지 스티븐슨(1781~1848)

스티븐슨은 증기 기관차를 발명한 발명가예요. 가난한 집안 형편 때문에 학교도 다니지 못하고 8세부터 탄광에서 일하다가 16세 때 증기 기관에 석탄을 때는 화부가 되었어요. 스티븐슨은 석탄을 많이 운반할 수 있는 새로운 증기 기관을 만들고 싶었어요. 그래서 기계에 대한 공부를 시작하였고, 기계에 대한 지식들을 하나씩 터득한 뒤 본격적으로 증기 기관에 대해 연구를 했어요. 1814년 스티븐슨은 마침내 철로 위를 달리는 증기 기관차를 만들어 냈어요. 그 뒤에도 스티븐슨은 연구를 계속하여 1825년에 최초의 영업용 철도인 로코모션 호를 완성시켰어요.

영국 한눈에 알아보기

영국이 낳은 세계 최고의 작가, 윌리엄 셰익스피어(1564~1616)

셰익스피어는 영국이 낳은 세계 최고의 극작가로 희·비극을 포함한 38편의 희곡과 여러 권의 시집 등을 발표했어요. 셰익스피어는 원래 시인과 배우가 꿈이었어요. 그래서 극장에 취직하여 틈틈이 연기 공부를 하고 글을 썼지요. 1592년 〈헨리 6세〉가 상연되면서 활발하게 창작 활동을 했어요. 그 후 희극 〈말괄량이 길들이기〉, 〈한여름밤의 꿈〉, 〈뜻대로 하세요〉와 비극 〈로미오와 줄리엣〉, 〈햄릿〉, 〈오셀로〉, 〈리어왕〉, 〈맥베스〉 등 많은 작품들을 발표하며 전성기를 누렸어요. 셰익스피어의 작품은 오늘날까지도 세계인들의 사랑을 받고 있답니다.

추리 소설의 대가 아서 코난 도일(1859~1930)

도일은 영국의 의사이자 소설가예요. 명탐정의 대명사 '셜록 홈즈'가 주인공으로 등장하는 추리 소설 시리즈가 대표작으로 지금까지도 전 세계 독자들의 사랑을 받고 있어요. 스코틀랜드 에든버러에서 태어난 도일은 대학교에서 의학을 공부하며 단편 소설을 쓰기 시작했어요. 홈즈가 등장하는 4편의 장편과 56편의 단편이 엄청난 인기를 끌며 추리 소설이 널리 전파되는 데 큰 역할을 했어요. 도일은 단편 《마지막 사건》에서 셜록 홈즈를 죽은 것으로 묘사하였으나, 독자들의 끊임없는 요청으로 다시 살려 내기도 했어요. 일본의 유명한 애니메이션 《명탐정 코난》은 셜록 홈즈를 모티브로 한 작품이에요.

음악의 어머니, 게오르크 프리드리히 헨델(1685~1759)

헨델은 독일에서 태어났지만 영국에 정착하여 많은 활동을 하고 귀화한 바로크 시대의 작곡가예요. 어려서부터 음악에 뛰어난 재능을 보였고 9세 때 성 마리아교회 오르가니스트 차호브 밑에서 작곡과 연주의 기초를 배웠어요. 하지만 아버지의 희망에 따라 할레대학에서 법률을 공부하며 캘빈파 교회 오르가니스트가 되었어요. 1703년 함부르크의 겐제마르쿠트 오페라하우스에서 바이올린·쳄발로 연주자로 경험을 쌓은 헨델은 1705년 오페라 《알미라》를 작곡했어요. 1708년 《부활》, 《때와 깨달음의 승리》, 1709년 《아그리피나》 등 계속해서 성공을 거두었어요.

1711년 오페라 《리날도》가 대성공을 거둔 뒤부터 헨델은 영국에서 주로 활동을 했어요. 1712년에는 목가극 《충실한 양치기》, 1713년 《테세오》 등이 런던에서 상연되었고, 1717년에는 조지 1세가 마련한 템스강 음악회에서 《수상 음악》을 연주했어요.

헨델은 오페라 46곡, 오라토리오 32곡 등과 작품 4 및 7의 오르간 협주곡, 작품 2 및 5의 트리오 소나타, 작품 3의 오보에 협주곡 등 많은 작품을 남겼고, 종교 곡으로는 《챈도스 앤섬》 11곡 외에 유트레히트 및 데팅겐의 전승을 축하하는 《테데움》 등을 남겼으며 '음악의 어머니'라고 불려요.

숨은 그림 찾기!

아래 놀이동산에 숨어 있는
영국의 문화 유산을 모두 골라 보세요.

정답

찾아 볼까요?

영국 역사와 문화에 대해 바르게 말한 친구를 모두 고르시오.

❶ 영국은 대통령제를 실시한 최초의 나라야.

❷ 세계에서 가장 인기 있는 스포츠 가운데 하나인 축구는 영국에서 시작되었어.

❸ 영국의 왕과 왕실은 정치에 깊게 관여해서 나라의 정책을 좌지우지해.

4

영국은
차 문화가 발달해서
사람들이 홍차를 비롯한
여러 차를 즐겨 마셔.

5

영국은 잉글랜드,
스코틀랜드, 북아일랜드,
웨일즈 등 4개 국가가 연합해서
만든 나라야.

6

로마는 영국의 수도로,
오랜 역사를 지닌
문화 유산이 엄청 많은
도시이지.

정답: 2, 4, 5번

미로 찾기!

영국 민담이나 전설에 나오는
요괴들을 피해서 미로를 탈출하세요.

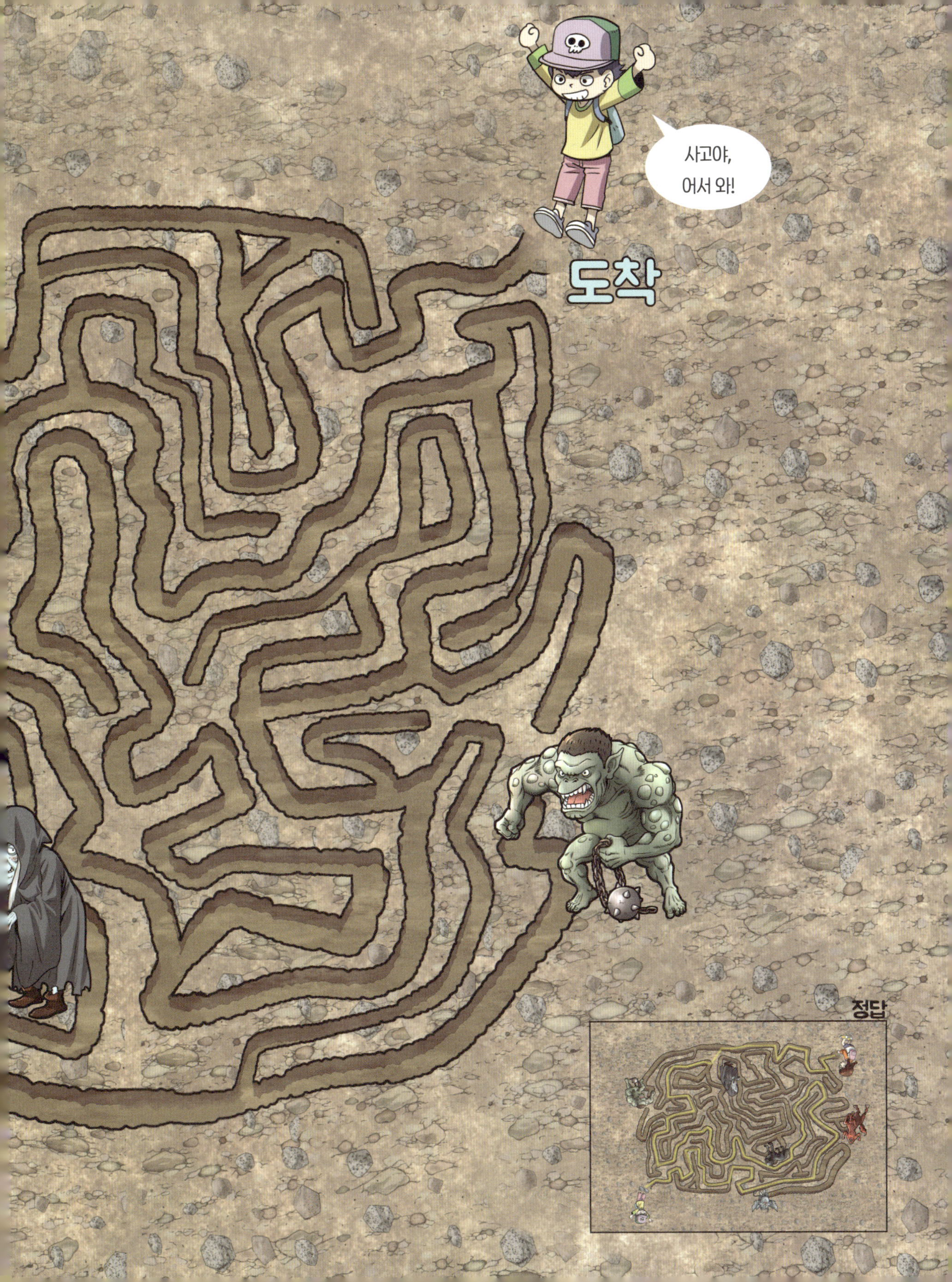
사고야,
어서 와!
도착
정답

와글 와글 토론

영국은 과연 '신사의 나라' 일까?

영국은 국민들이 예의 바른 태도와 정중한 말씨를 갖추었다고 '신사의 나라'라고 불리기도 해요. 하지만 축구 경기장에서 난동을 부리는 '훌리건'이 많기로도 유명해요. 다음 친구들의 토론을 읽고 여러분은 어떤 생각이 드는지 말해 보세요.

탐

우리 영국은 말 그대로 신사의 나라야. 너희들 〈킹스맨〉이라는 영화 봤어? 그 영화의 주인공이 이런 말을 하지. "매너가 남자를 만든다." 매너(예절)가 없는 영국 신사는 상상할 수도차 없거든. 어떤 학자는 '영국인들은 당신과 부딪혀 하수구로 굴러떨어지면서도 미안하다고 사과를 할 것'이라고 했을 정도라니까.

수빈

꼭 그렇지도 않지. 너희 나라의 훌리건도 엄청 유명하잖아. 자신들이 응원하는 팀이 졌을 때뿐만이 아니라 이긴 경우에도 술병을 던지거나 난동을 부리기도 한다며? 너무 양면적인 모습 아니니? 영국의 유명한 소설 《지킬 박사와 하이드씨》의 주인공처럼 말이야.

탐

훌리건은 말야, 영국의 일부 축구광들 이야기야. 훌리건이 생겨난 데에도 사연이 있어. 1960년대 초, 우리나라 경제가 어려웠었대. 그때 직장을 잃은 실업자와 빈민층들이 축구장에 몰렸고, 경기가 끝날 때마다 당시 정치인들에 대한 불만을 나타내는 시위를 한 거야. 흥분한 사람들이 구호에 그치지 않고 집단 싸움을 벌이기도 했지. 이때부터 훌리건이라는 말은 축구장의 난동꾼들을 가리키는 말이 되었지.

수빈

그런 사연이 있다고 해도 어쨌든 '신사의 나라'라는 말과는 어울리지 않잖아? 아니, 매너는 어디로 간 거냐고? 또 영국 사람들이 사교적이지 못해서 남과 어울리는 것이 어색하기 때문에 지나치게 예절을 차린다는 이야기도 있어. 그러다가 술을 많이 마시거나 축구 경기에서 지게 되면 시끄럽고 폭력적이 되기도 한다던데. 평소에 예의를 덜 차리더라도 사람들끼리 솔직하게 소통을 하는 게 어떨까?

탐

글쎄, 각 나라의 문화에 대한 평가나 보는 관점은 사람마다 다를 수 있으니까 무엇이 좋고 나쁜지 말하기는 어렵지 않을까? 다른 친구들 생각도 궁금하네.

내 생각에는……

교과연계표

[3학년 1학기 사회] 2. 일상에서 만나는 과거
[3학년 2학기 사회] 1. 사회 변화와 다양한 문화

[4학년 1학기 사회] 2. 우리 지역의 국가유산

[6학년 2학기 사회] 1. 세계 여러 나라의 자연과 문화